LE GOUVERNEMENT MONDIALE DE L'OMBRE

Lorsque le pouvoir privé remplace celui des États

Les puissances privées et les groupes de réflexions façonne le monde et la politique

© 2025 Jean-Baptiste Lutob
Édition : BoD · Books on Demand, 31 avenue Saint-Rémy, 57600 Forbach, bod@bod.fr
Impression : Libri Plureos GmbH, Friedensallee 273, 22763 Hamburg (Allemagne)
ISBN : 978-2-3224-7877-4
Dépôt légal : Mars 2025

Table des matières

Le gouvernement mondial de l'ombre......................9
    Qui détient réellement le pouvoir ?......................10
Le Groupe Bilderberg......................13
    Origines et création......................13
    Un club discret et puissant......................14
    Qui participe aux réunions ?......................15
    Pourquoi Bilderberg est-il si puissant ?......................15
    Conclusion : un réseau d'influence opaque......................16
La Commission Trilatérale......................17
    Origines et fondation de la Commission Trilatérale......................17
    1. Une transmission d'influence......................19
    2. Une influence directe sur l'Union Européenne......................19
    3. L'influence des élites au sein de l'UE......................20
    Un réseau d'influence verrouillé......................24
    Pourquoi est-ce important ?......................24
La Commission Européenne......................25
CFR......................27
    Quelle est la stratégie du CFR ?......................29
    Changer la composition ethnique et culturelle de l'Europe......................30
    Fondation et liens avec David Rockefeller......................31
    Relations avec le Groupe Bilderberg et la Commission Trilatérale......................31
    Influence sur les présidents américains et les agences gouvernementales......................32
    Quelles sont les conséquences pour l'Europe ?......................33
    L'exemple de Trump et du CFR......................34

Comment combattre et résister au CFR ?.................34
....35
Les Médias...37
   1. La concentration des médias aux mains d'une minorité
....37
   2. Les financements extérieurs et la dépendance aux subventions publiques...38
   3. Les médias fabriquent du consentement...............39
Les Syndicats..41
   1. Le rôle des syndicats : entre revendications et compromission..41
   2. Les financements extérieurs des syndicats...........41
   3. Pourquoi les syndicats ne défendent-ils plus les travailleurs ?..42
   Conclusion : médias et syndicats, des instruments de contrôle social..43
   Investissements et Participation Actionnariale.........45
   Collaborations et Partenariats..................................46
   Relations avec des Groupes de Réflexion................47
   1. Lien via David Rockefeller : le Bilderberg, la Trilatérale et l'OMS..47
   2. Bill Gates et son contrôle sur l'OMS....................48
   4. Relations avec les membres influents du Bilderberg et de la Trilatérale..49
   Une relation indirecte mais puissante.......................49
   Privatisations : un démantèlement organisé.............51
   Télécommunications...51
   Énergie..51
   Transports et Infrastructures....................................52
   Automobile...52

    Autres secteurs..53

    Conséquences majeures souvent relevées :........................53

    1. Conséquences sur l'emploi...53

    2. Conséquences sur la localisation de l'activité................54

    4. Conséquences sur la qualité du service public...............55

STARLINK...57

    Starlink, l'IA et la 5G : Un réseau de contrôle global.......58

    Pourquoi Elon Musk ? Un pion du système ?....................59

    Préparer l'acceptation du transhumanisme.......................59

    Neuralink : Le projet caché derrière Starlink....................60

    Qui contrôle et contrôlera réellement tout ça ?................60

    Un avenir sous contrôle ?..60

Vers la fin de la sécurité sociale................................63

    Les appareils du quotidien qui nous espionnent.............65

    1. Électroménagers connectés..65

    2. Téléviseurs et assistants vocaux......................................66

    3. Appareils de santé connectés...67

    4. Automatisation domestique et sécurité.........................67

    À qui profitent ces données ?..68

Farine d'asticots...71

    1. Contexte général de la farine d'asticots.........................71

    2. Oxyde de graphène et alimentation des insectes..........71

    Autorisation de la farine d'insectes dans l'Union européenne...72

    3. Risques et implications de l'incorporation de l'oxyde de graphène...72

    4. Risques et dérives potentielles...73

Réflexion..75

L'homme est l'ennemi de l'homme 79

- L'auto-censure : la victoire ultime du pouvoir 80
- La faiblesse des gens et la dégénérescence du mode de vie 81
- L'effondrement des valeurs fondamentales 82
- L'ère du non-sens et l'inversion des valeurs 82
- Une société malade de l'extrême relativisme 83
- Un conditionnement collectif orchestré 84
- Comment briser cette spirale ? 84

La dette de la France 87

- 1973 : La loi qui a condamné la France à l'endettement perpétuel 87
- Pourquoi Pompidou et pas De Gaulle ? 88
- Les conséquences de la loi Pompidou-Giscard : le début de l'asservissement 88
- L'Union Européenne et Maastricht : Le coup de grâce 89
- Comment sortir de ce piège ? 90
- Conclusion : Un pays prisonnier de sa propre monnaie. 91

Réarmement de l'Europe 93

- Une épargne détournée pour financer la guerre 94
- L'Ukraine : Un massacre orchestré 95
- Une guerre qui profite aux mêmes élites 96
- Rôle de BlackRock dans la reconstruction de l'Ukraine : 97

DÉRIVE TOTALITAIRE 105

- Un gouvernement mondial sans souveraineté ? 106
- Le 11 septembre 2001 : Le point de bascule 106
- Le Patriot Act : La fin des libertés individuelles 107
- 2015 : La France adopte le même modèle 107
- Les élections ne sont qu'une illusion 108

Franc-maçonnerie et Nouvel Ordre Mondial..................108
L'AURORE ROUGE..................111
Après la lecture de l'Aurore Rouge..................125
L'UKRAINE..................127
Le conflit ukrainien depuis 2014 : un tournant géopolitique majeur..................127
Le Mouvement de Maïdan (2013-2014)..................127
L'implication de la CIA..................128
Annexion de la Crimée et révolte dans le Donbass..................128
Accusations de massacres et violations des droits de l'homme..................129
L'implication de la CIA et des services secrets occidentaux..................129
Conséquences et situation actuelle..................130
L'OMC..................133
1. BNP Paribas..................134
2. Crédit Suisse..................134
3. Alstom..................135
4. Société Générale..................135
5. Crédit Agricole..................136
La monnaie numérique..................137
Qu'est-ce qu'une monnaie numérique ?..................137
Les véritables dangers des monnaies numériques..................138
1. Surveillance généralisée et fin de l'anonymat..................138
2. Blocage ciblé de certains achats..................138
3. Monnaie avec date de péremption : la fin des économies..................139
4. Contrôle social renforcé..................140
5. Fin de l'argent liquide et risque de confiscation directe..................140

Exemples internationaux concrets....................................140
Le rôle inquiétant des institutions financières
  internationales..141
La nécessité de vigilance citoyenne................................141
Conclusion..145

Le gouvernement mondial de l'ombre

J'ai décidé d'écrire ce livre, car il m'est devenu insupportable de voir le monde, et particulièrement la France, plonger dans le chaos. Ce que j'ai découvert au fil des décennies est bien loin de ce que la plupart des gens pensent savoir sur la politique, le pouvoir et la liberté. Il me semble aujourd'hui indispensable de partager ces connaissances.

Chaque fois que j'ai tenté d'éveiller les consciences, j'ai été confronté à des regards sceptiques, à des jugements silencieux qui, sans un mot, me reléguaient d'office dans la catégorie des "complotistes". Ce terme, utilisé à outrance par les médias, sert avant tout à discréditer toute voix dissidente.

Il en va de même pour les accusations d'"extrême droite", brandies dès qu'un débat dérange le pouvoir en place, ou encore celles d'"antisémitisme", dès qu'un individu de confession juive est évoqué. Et lorsque ces étiquettes ne suffisent plus, les termes "raciste", "homophobe", etc., sont utilisés de manière encore plus large pour réduire au silence toute remise en question.

Et vous ? Pourquoi lisez-vous ce livre ?

Si vous êtes ici, c'est que vous aussi vous vous posez des questions. Vous commencez à remettre en cause ce que l'on vous dit, ce que vous pensez savoir, et

vous ne voyez rien de joyeux dans un avenir qui ressemble de plus en plus à une tempête.

Les décisions des politiques vous semblent incohérentes ? Vous vous demandez pourquoi ils favorisent toujours les plus riches, pendant que le peuple est traité comme une simple vache à lait ? Pourquoi chaque réforme semble aller à l'encontre du bien commun ?

Je ne prétends pas détenir toute la vérité, mais à travers ce livre, je vais tenter, de façon concise et accessible, de vous apporter un maximum d'explications pour vous aider à comprendre les véritables mécanismes du pouvoir.

Ce livre n'est pas un pamphlet idéologique, mais une tentative de réflexion pour analyser qui détient réellement les rênes du monde et quels sont leurs objectifs. Vous êtes libre de douter, de contester, de débattre, mais surtout, d'ouvrir les yeux.

Qui détient réellement le pouvoir ?

Entrons directement dans le vif du sujet. Si je vous demande qui dirige réellement la France, la majorité d'entre vous répondra : "LE PRÉSIDENT ET SON GOUVERNEMENT ». Erreur.

Ce ne sont que des marionnettes, des pantins au service de puissances privées qui, elles, restent dans l'ombre. Ces véritables décideurs sont à l'abri des projecteurs et des médias, qui ne parlent d'eux que pour renforcer leur façade officielle.

Pour comprendre ce pouvoir tentaculaire, il est essentiel de prendre du recul et surtout d'ouvrir son esprit à une réalité bien différente de celle que l'on nous impose depuis des décennies.

Les véritables maîtres du jeu ne sont ni les politiciens ni les électeurs, mais une élite financière et industrielle, dont le contrôle s'exerce par des structures influentes. Parmi elles, l'une des plus puissantes et méconnues du grand public : **le Groupe Bilderberg**.

Le Groupe Bilderberg

Origines et création

Le Groupe Bilderberg a été fondé en 1954 à l'hôtel Bilderberg à Oosterbeek, aux Pays-Bas, d'où il tire son nom. Son objectif initial était de renforcer la coopération entre l'Europe et les États-Unis dans un contexte de Guerre froide, mais il est rapidement devenu un espace de discussion réservé à l'élite mondiale.

À l'origine de cette initiative, plusieurs personnalités influencent :

- **Joseph Retinger** : Intellectuel et diplomate polonais, considéré comme l'un des pères fondateurs de l'Europe. Il fut l'un des principaux architectes du groupe.
- **Le prince Bernhard des Pays-Bas** : Membre de la famille royale néerlandaise, il a soutenu financièrement et politiquement la création du Bilderberg et fut le premier président du comité directeur.
- **David Rockefeller** (Chase Manhattan Bank) : Il apporte un soutien financier et logistique crucial au groupe.
- **Paul Rijkens** (Unilever) : PDG d'Unilever à l'époque, il a facilité la première réunion et mobilisé les industriels européens.

- **John S. Coleman** (Burroughs Corporation) : Président de la Chambre de commerce des États-Unis, il joue un rôle clé dans l'implication des milieux d'affaires américains.
- **George Ball** (Lehman Brothers) : Avocat et diplomate, il représente les intérêts économiques américains dans le groupe.
- **Marcus Wallenberg** (SEB) : Banquier suédois influent, il assure la participation des élites scandinaves.
- **Giovanni Agnelli** (Fiat) : PDG emblématique de Fiat, il renforce les liens entre industriels européens et américains.

Un club discret et puissant

Le Groupe Bilderberg fonctionne selon plusieurs principes qui garantissent sa discrétion et son influence :

- **Réunions annuelles** : Loin des respects du public, le groupe se réunit une fois par an dans un lieu soigneusement sélectionné (hôtel de luxe, résidence privée). Ces rencontres durent trois jourset rassemblent environ 120 à 150 participants triés sur le volet.
- **La "Chatham House Rule"** : Les participants peuvent utiliser les informations échangées, mais sans révéler l'identité des intervenants ni la source des discussions. Cela favorise les échanges ouverts, mais empêche toute transparence.
- **Aucune décision officielle** : Contrairement au Forum économique mondial de Davos, Bilderberg ne publie ni compte rendu ni communiqué final. Son influence est donc indirecte, mais bien réelle.

Qui participe aux réunions ?

Les participants du Groupe Bilderberg sont sélectionnés parmi les élites mondiales :

1. **Politiques** : Chefs d'État, ministres, hauts fonctionnaires. Parmi eux, des chiffres comme Emmanuel Macron, Angela Merkel ou Tony Blair.
2. **Dirigeants d'entreprises** : PDG de multinationales et banquiers influents, tels que Jeff Bezos (Amazon) ou Christine Lagarde (BCE, ex-FMI).
3. **Universitaires et experts** : Économistes et chercheurs spécialisés en relations internationales et géopolitique.
4. **Médias** : Propriétaires et dirigeants de groupes de presse. Paradoxalement, peu de journalistes sont admis, ce qui limite la couverture médiatique du groupe.
5. **Militaires et spécialistes de la défense** : Généraux et stratégies influents.

Pourquoi Bilderberg est-il si puissant ?

Le Bilderberg n'est pas un organe officiel de gouvernance, mais il exerce une influence déterminante sur l'orientation des politiques internationales.

C'est une plateforme d'échange où l'élite financière, politique et industrielle élabore les grandes lignes de l'avenir du monde occidental.

L'une des principales critiques adressées au groupe est son manque de transparence. Contrairement aux forums publics comme l'ONU ou le G7, Bilderberg ne rend aucun compte de ses discussions. Pourtant, bon nombre de décisions majeures prises par les gouvernements semblent étrangement alignées avec les débats de ces réunions secrètes.

De plus, l'implication constante des grandes banques et multinationales pose la question du conflit d'intérêts. En effet, si des dirigeants d'institutions financières comme JPMorgan, Goldman Sachs ou BlackRock participent à ces réunions avec des responsables politiques, comment s'assurer que les décisions publiques ne sont pas influencées par des intérêts privés ?

Conclusion : un réseau d'influence opaque

Le Groupe Bilderberg illustre parfaitement la manière dont le pouvoir fonctionne réellement : loin

des élections, des discours et des débats publics.

Ceux qui détiennent véritablement le pouvoir ne sont ni les élus ni les citoyens, mais une caste de dirigeants économiques et financiers qui, à travers ces rencontres discrètes, façonnent l'avenir selon leurs intérêts.

Ce livre a pour mais de lever le voile sur ces mécanismes invisibles qui gouvernent nos vies. Pour comprendre le monde dans lequel nous vivons, il est indispensable de s'affranchir du récit officiel et de s'intéresser aux forces qui agissent dans l'ombre.

Le pouvoir visible n'est souvent qu'un écran de fumée.

Il existe un autre groupe qui se nomme la « Commission Trilatérale ».

La Commission Trilatérale

Le relais du Bilderberg vers l'Union Européenne

Si le Groupe Bilderberg est souvent perçu comme un lieu de discussion stratégique pour l'élite mondiale, il ne constitue pas en lui-même un organe d'exécution. C'est là qu'intervient un autre acteur clé : la Commission Trilatérale, créée en 1973 sous l'impulsion de David Rockefeller et de Zbigniew Brzeziński.

Son objectif officiel ? Favoriser la coopération entre l'Amérique du Nord, l'Europe et l'Asie. En réalité, la Commission Trilatérale joue un rôle fondamental dans la mise en œuvre des directives discutées au Bilderberg, en servant de passerelle entre les élites économiques et les institutions politiques officielles, notamment l'Union Européenne.

Origines et fondation de la Commission Trilatérale

La Commission Trilatérale a été fondée par David Rockefeller, banquier influent et fondateur de la Chase Manhattan Bank, ainsi que par Zbigniew Brzeziński, politologue et futur conseiller à la sécurité nationale des États-Unis.

L'idée derrière cette organisation était simple : établir un cadre de coopération permanent entre les élites des trois grandes régions dominantes du monde occidental :

- L'Amérique du Nord (États-Unis et Canada)
- L'Europe
- L'Asie (principalement le Japon, puis plus tard la Chine et d'autres pays asiatiques)

Les principaux acteurs fondateurs incluent :

- **David Rockefeller** (Chase Manhattan Bank)
- **Zbigniew Brzeziński** (Conseiller en géopolitique, futur architecte de la politique étrangère américaine)
- **Henry Kissinger** (ancien secrétaire d'État américain, figure clé des relations internationales)
- **George S. Franklin Jr.** (ancien secrétaire de la Fondation Ford)
- **Otto Graf Lambsdorff** (homme politique allemand influent)
- **Valéry Giscard d'Estaing** (futur président français, qui jouera un rôle majeur dans l'évolution de l'UE)

La Commission Trilatérale : Un relais stratégique du Bilderberg

Alors que le Groupe Bilderberg fonctionne comme un espace d'échanges informels et stratégiques entre élites, la Commission Trilatérale joue un rôle plus structuré et plus exécutif.

1. Une transmission d'influence

Les discussions du Bilderberg permettent aux élites financières, industrielles et politiques de définir des grandes orientations pour l'avenir du monde occidental.

Ces directives, non officielles et confidentielles, sont ensuite relayées et mises en œuvre via des organisations comme la Commission Trilatérale, qui sert de pont entre ces idées et leur exécution politique à grande échelle.

Ainsi, le Bilderberg fixe un cadre idéologique et stratégique, tandis que la Commission Trilatérale transforme ces idées en recommandations concrètes qui seront transmises aux institutions politiques, notamment l'Union Européenne.

2. Une influence directe sur l'Union Européenne

L'Union Européenne possède un pouvoir supranational, c'est-à-dire qu'elle impose ses décisions aux États membres, souvent sans

consultation directe des citoyens.

C'est précisément ce qui fait d'elle un outil idéal pour appliquer les recommandations du Bilderberg et de la Trilatérale.

L'UE est une structure unique en son genre : ses décisions priment sur celles des gouvernements nationaux, et nombre de ses politiques sont élaborées en dehors de tout processus démocratique classique.

Comment fonctionne ce transfert d'influence ?

- Les réunions du Bilderberg incluent des lignes directrices globales (politiques économiques, gestion des crises, transformations sociétales).
- La Commission Trilatérale, par l'intermédiaire de ses membres influents, formalise ces orientations en recommandations politiques.
- Ces recommandations sont transmises à l'Union Européenne, qui les intègrent dans ses directives et règlements, imposés ensuite aux États membres sans réel débat démocratique.

3. L'influence des élites au sein de l'UE

De nombreuses personnalités influentes de l'Union Européenne ont des liens directs avec le Bilderberg et la Commission Trilatérale. On retrouve parmi elles des chefs d'État, des commissaires européens, des banquiers centraux et des technocrates ayant occupé des postes clés dans les grandes institutions financières mondiales.

Voici quelques-uns des acteurs majeurs qui ont façonné l'UE sous l'influence de ces cercles :

Ursula von der Leyen (Présidente de la Commission Européenne depuis 2019)

- Ancienne ministre de la Défense en Allemagne.
- Présente au **Groupe Bilderberg en 2019**, peu avant sa nomination à la tête de la Commission Européenne.
- Forte proximité avec les lobbies pharmaceutiques et militaires.

- Partisan d'une grande intégration supranationale de l'UE, alignée sur les recommandations du Bilderberg.

Mario Draghi (Ex-président de la Banque Centrale Européenne, ex-Premier ministre italien)

- Ancien de **Goldman Sachs** et de la **Banque Mondiale.**
- Membre influent du **Groupe Bilderberg** et de la **Commission Trilatérale.**
- À la BCE, il a mis en œuvre des politiques monétaires extrêmement favorables aux grandes banques et aux marchés financiers.
- En tant que Premier ministre italien (2021-2022), il a imposé des réformes directement inspirées des recommandations de la Trilatérale.

Christine Lagarde (Présidente de la BCE, ex-directrice du FMI)

- Membre du **Bilderberg** et proche des élites financières internationales.
- Ex-directrice du Fonds Monétaire International (FMI), elle a imposé des politiques d'austérité drastiques en Grèce, en Espagne et au Portugal.
- Actuellement à la BCE, elle poursuit une politique de contrôle des taux d'intérêt et d'influence sur les économies nationales, en accord avec les objectifs du Bilderberg.

Emmanuel Macron (Président de la France)

- Ancient banquier chez **Rothschild & Co.**
- Participant du **Groupe Bilderberg en 2014**, avant d'être propulsé ministre de l'Économie, puis président en 2017.

- Il a mené des réformes économiques et sociales alignées sur les politiques prônées par la Commission Trilatérale (flexibilisation du travail, retraites, privatisations).

Édouard Philippe (Ancien Premier ministre français, actuel maire du Havre)

- Membre du Groupe Bilderberg.
- A mené des réformes économiques en phase avec les recommandations des élites financières (réforme des retraites, loi travail).
- Pressenti pour un futur rôle clé dans les instances européennes.

Bruno Le Maire (Ministre de l'Économie et des Finances de la France)

- Invité du Bilderberg en 2018.
- Défendre une intégration économique plus poussée de l'Europe, en lien avec les recommandations du Bilderberg et de la Commission Trilatérale.
- Partisan d'un euro numérique et d'une réforme du système bancaire centralisé.

Charles Michel (Président du Conseil Européen, ancien Premier ministre belge)

- Participant au Groupe Bilderberg en 2018.
- A poussé des réformes pour renforcer l'influence de l'UE sur les États membres.

- Promoteur du fédéralisme européen, qui va dans le sens des stratégies du Bilderberg.

Jean-Claude Juncker (Ex-président de la Commission Européenne, 2014-2019)

– Participant du Groupe Bilderberg.

– Proche des milieux financiers luxembourgeois et partisans d'une Europe supranationale.

– Son mandat a renforcé les mécanismes de gouvernance de l'UE sans consultation démocratique directe.

José Manuel Barroso (Ancien président de la Commission Européenne, 2004-2014)

- Après son passage à la tête de l'UE, il a été embauché chez Goldman Sachs.
- Proche du Bilderberg, il a mis en œuvre des réformes favorisant la dérégulation et l'influence des grandes banques sur l'UE.

Matteo Renzi (Ancien Premier ministre italien)

- Participant du Groupe Bilderberg en 2019.
- A poussé des réformes économiques libérales en Italie, conformément aux directives du Bilderberg.

Pedro Sánchez (Premier ministre espagnol)

- Invité du **Groupe Bilderberg en 2019**.
- Partisan de réformes structurelles alignées sur les intérêts de la Trilatérale et de l'UE.

Un réseau d'influence verrouillé.

Tous ces responsables ont un point commun : leur lien avec le Bilderberg et/ou la Trilatérale.

Les grandes décisions européennes, qu'il s'agisse des politiques économiques, monétaires ou sociales, sont prises en amont dans ces cercles fermés, puis mises en œuvre par des personnalités ayant déjà été cooptées et préparées à ces rôles clés.

Pourquoi est-ce important ?

- L'absence de transparence : Les décisions prises par l'UE sont influencées par ces cercles sans que les citoyens répondent à leur mot à dire.

- Des élites interchangeables : Que ce soit à la tête de la BCE, de la Commission Européenne ou des gouvernements nationaux, ce sont les mêmes profils qui reviennent, formés et sélectionnés par ces organisations.

- Une continuité idéologique : Qu'importe le résultat des élections, les grandes orientations politiques ne changent pas, car elles ont été décidées bien en amont dans des réunions confidentielles.

Ainsi, l'Union Européenne apparaît comme un instrument d'exécution des volontés de l'élite globale, plutôt qu'un véritable projet démocratique au service des peuples. L'UE applique alors des politiques favorables aux multinationales et aux grands groupes financiers, au détriment des intérêts des peuples européens.

La Commission Européenne
Un gouvernement non élu au service des élites

L'organe central de l'Union Européenne est la Commission Européenne, une entité qui détient un pouvoir exécutif énorme et qui n'est pas élue par les citoyens. Elle est composée de technocrates nommés, et ses décisions s'imposent aux États membres par des règlements et directives.

Beaucoup de ses membres ont des liens directs avec le Bilderberg et la Trilatérale. C'est donc un véhicule parfait pour mettre en place les orientations décidées en amont.

Un processus anti-démocratique

- Des décisions discutées au Bilderberg - Élitistes et secrètes.

- Formalisation des stratégies par la Trilatérale - Transformation en recommandations politiques.

- Application par l'UE - Imposition des décisions aux États membres, sans consulter directement les citoyens.

Le résultat ? Une Europe qui ne répond plus aux intérêts de ses peuples, mais à ceux d'une élite financière et économique mondiale.

Conclusion : Une chaîne d'influence bien huilée

Le Groupe Bilderberg, la Commission Trilatérale et l'Union Européenne forment un circuit d'influence structuré, permettant aux élites d'imposer leur vision du monde sans passer par les processus démocratiques traditionnels.

- **Le Bilderberg** : Fixe les grandes orientations stratégiques.
- **La Trilatérale** : Formaliser ces orientations en recommandations concrètes.
- **L'Union Européenne** : Met en œuvre ces recommandations sous forme de lois et règlements contraignants.

Ainsi, loin d'être de théories simples, ces liens démontrent comment le pouvoir réel se situe bien au-delà des élections et des gouvernements visibles.

Le peuple croit choisir ses dirigeants, mais ceux qui dictent réellement les politiques restent dans l'ombre...

Mais alors, comment ces élites réussissent-elles à nous imposer leurs Hommes de paille ? La réponse est simple : vous pensez disposer d'un choix parmi les personnalités politiques présentées véritablement dans les médias, alors qu'en réalité, ces derniers sont contrôlés par ces mêmes élites. Pour approfondir ce constat, consultez régulièrement la carte mise à jour « Médias Français, à qui appartient quoi ? » accessible ici : https://www.monde-diplomatique.fr/cartes/PPA

Cette corruption concerne également les syndicats.

CFR

Council on Foreign Relations
Conseil des Relations Étrangères

Le CFR, le Think Tank qui contrôle les États-Unis et le monde

Le Council on Foreign Relations (CFR) fondé en 1921, dont l'objectif est d'analyser la politique étrangère des États-Unis et les questions internationales. Il est considéré comme l'une des institutions les plus influentes dans le domaine des relations internationales, il produit des études et des recommandations sur des questions stratégiques.

Il a été fondé en 1921 à la suite du traité de Versailles et de la création de la Société des Nations, qui étaient des tentatives de créer un ordre international fondé sur le droit et la coopération. Le CFR s'est opposé à cette vision et a plaidé pour un internationalisme et un globalisme politique, c'est-à-dire pour la création d'un gouvernement mondial qui serait dirigé par les États-Unis et leurs alliés.

Le CFR est composé de personnalités issues de la haute finance, du renseignement, de la politique et des médias, qui partagent une vision commune du monde et des intérêts américains. Il dispose par ailleurs, d'un budget annuel de plus de 70 millions de dollars et d'un siège à New York, où il organise des réunions secrètes et des conférences.

Ce n'est pas un simple club de discussion, mais un véritable lobby qui cherche à influencer les décisions des dirigeants américains et à orienter l'opinion publique. Il s'appuie sur un réseau d'experts, de consultants, de conseillers, qui sont en contact permanent avec les administrations, les institutions, les médias, les universités…

Le CFR élabore des scénarios, des stratégies et des plans d'action, qui sont ensuite mis en œuvre par les acteurs politiques. Il est ainsi le cerveau de la politique étrangère américaine et le principal artisan de la gouvernance mondiale. Sa présence est notable dans différentes administrations américaines, y compris celle du président Biden, où l'on dit que plus de 200 de ses membres occupent des positions clés.

Le CFR entretient des liens avec plusieurs entités et organisations influentes, comme la CIA, la Réserve fédérale des États-Unis, la Fondation Rockefeller, le groupe Carlyle, ainsi que d'autres acteurs majeurs du capitalisme global.

En raison de ses associations étroites avec le secteur financier, le CFR est parfois surnommé le « groupe de

réflexion de Wall Street », une appellation qui souligne sa représentation des intérêts de la finance, en particulier ceux orientés vers la spéculation. Tous les pays assujettis aux USA tel que la France, vois toutes ses valeurs privatisées par les agents que ce gouvernement de l'ombre a mis en place.

Quelle est la stratégie du CFR ?

La stratégie du CFR est fondée sur l'idée que les États-Unis sont la nation indispensable qui doit assurer la sécurité et la prospérité du monde, et qui doit donc exercer une hégémonie sans partage sur la planète. Pour cela, le CFR utilise une stratégie qui transcende les clivages politiques et idéologiques, et qui s'adapte aux circonstances et aux opportunités.

Il s'agit d'un impérialisme invisible et furtif, qui ne se manifeste pas par des conquêtes territoriales ou des guerres ouvertes, mais par des interventions discrètes, des manipulations, des pressions, des alliances, des coups d'État, etc.

Le CFR a pour objectif de dominer l'île mondiale, c'est-à-dire l'ensemble des continents eurasiatique, africain et océanien, qui concentrent la majorité de la population, des ressources et des puissances émergentes.

Pour cela, il cherche à empêcher l'émergence de toute puissance rivale, à diviser et à affaiblir les nations et les peuples, à contrôler les flux économiques, énergétiques, migratoires, etc. C'est la raison pour laquelle toute idée de souverainisme est combattu.

Il utilise pour cela des organisations internationales, comme l'ONU, l'OTAN, l'OMS, l'OMC, qu'il finance et dirige, et qui lui servent de relais et de légitimation.

Il utilise aussi des mouvements sociaux, comme les droits de l'homme, le féminisme, l'écologie, qu'il instrumentalise et finance, et qui lui servent de diversion et de subversion.

Changer la composition ethnique et culturelle de l'Europe

Le CFR a pour projet de changer la composition ethnique et culturelle de l'Europe, qui est considérée comme un obstacle à son hégémonie. Pour cela, il encourage et organise l'immigration massive de populations extra-européennes, qui sont censées apporter de la diversité et de la richesse.

Il s'agit en réalité d'un **grand remplacement**, qui vise à détruire les identités, les traditions, les solidarités, les souverainetés, des peuples européens, et à les transformer en consommateurs dociles, déracinés, métissés, sans histoire ni avenir. Il a une capacité d'adaptation, qui lui permet de changer de tactique et de discours, selon les besoins.

Le CFR a mené des guerres au nom de la démocratie et des droits de l'homme, qui ont fait des millions de morts et de déplacés. Il a soutenu des coups d'État, des révolutions colorées, des sanctions économiques, des opérations secrètes, pour renverser des régimes

qui lui déplaisaient. Il a créé et financé des groupes terroristes, comme Al-Qaïda ou l'État islamique, pour déstabiliser des régions stratégiques.

Il a orchestré des crises sanitaires, comme le covid, pour imposer des mesures liberticides et autoritaires. Il a instrumentalisé des mouvements sociaux, comme le black lives matter, pour diviser et affaiblir les sociétés. Le CFR a été créé pour accompagner la fin de l'Empire britannique et le début de l'Empire américain, qui a marqué le XXe siècle.

Aujourd'hui, nous assistons à la fin de l'Empire américain et au début d'un nouveau cycle, qui sera marqué par le retour des puissances continentales, comme la Russie, la Chine, l'Inde, etc.

Fondation et liens avec David Rockefeller

Bien que le CFR ait été établi avant l'implication directe de David Rockefeller, ce dernier a joué un rôle majeur dans son développement et son influence au XXe siècle. Banquier et philanthrope, Rockefeller a été membre du CFR et a contribué à renforcer ses réseaux et ses ressources. Son engagement s'inscrit dans une vision plus large de promotion de la coopération internationale et de la gouvernance mondiale.

Relations avec le Groupe Bilderberg et la Commission Trilatérale

Le CFR entretient des liens étroits avec d'autres organisations influentes, notamment le **Groupe Bilderberg** et la **Commission Trilatérale**.

Le Groupe Bilderberg, fondé en 1954, réunit annuellement des leaders politiques, économiques et médiatiques d'Europe et d'Amérique du Nord pour discuter de questions mondiales. David Rockefeller a été un participant régulier de ces réunions et a contribué à façonner leur orientation.

En 1973, insatisfait du manque de représentation asiatique au sein du Groupe Bilderberg, Rockefeller a cofondé la **Commission Trilatérale** avec Zbigniew Brzeziński. Cette organisation vise à promouvoir la coopération entre l'Amérique du Nord, l'Europe occidentale et l'Asie-Pacifique.

Elle regroupe des personnalités influentes de ces régions pour discuter de politiques économiques et politiques communes.

Influence sur les présidents américains et les agences gouvernementales

Le CFR a historiquement exercé une influence notable sur la politique étrangère des États-Unis. De nombreux membres du CFR ont occupé des postes clés dans les administrations présidentielles. Par exemple, des personnalités telles que **Henry Kissinger**, **Madeleine Albright**, **Colin Powell** et **Condoleezza Rice** ont été associées au CFR avant ou après leur service gouvernemental.

De plus, des études ont montré que plus de la moitié des hauts fonctionnaires américains entre 1945 et 1972 étaient membres du CFR, illustrant son rôle central dans la formation de l'élite politique américaine.

Concernant les agences américaines, notamment la CIA, des personnalités telles qu'Allen Dulles, directeur de la CIA de 1953 à 1961, ont été membres du CFR. Ces liens montrent l'influence du CFR dans les décisions de politique étrangère et les opérations de renseignement des États-Unis.

Le Council on Foreign Relations, avec le soutien de figures comme David Rockefeller, a établi des connexions profondes avec des organisations telles que le Groupe Bilderberg et la Commission Trilatérale. Son influence sur les administrations présidentielles américaines et les agences gouvernementales souligne son rôle central dans la formulation et la mise en œuvre de la politique étrangère des États-Unis.

Quelles sont les conséquences pour l'Europe ?

Le CFR est un ennemi de l'Europe et des peuples, qui subissent les conséquences de sa domination.

Il est responsable de la plupart des crises et des conflits qui secouent le monde et affectent directement ou indirectement les intérêts et la sécurité des Européens, ainsi que de la dégradation de la situation économique, sociale, politique et culturelle des pays européens, qui sont soumis à une austérité, une perte de souveraineté, une dissolution de leur identité et à une islamisation de leur territoire.

Le CFR contrôle les réseaux métapolitiques, c'est-à-dire les think tanks, les fondations, les ONG, ou les médias qui diffusent des idéologies et des narratifs pour manipuler l'opinion publique et orienter les choix politiques.

Il combat les dissidents et les nationalistes, qui sont les seuls à s'opposer à son agenda, en les diabolisant, en les censurant ou en les infiltrant pour les neutraliser. Il cherche à imposer un politiquement correct, qui est une forme d'autoritarisme qui cache la réalité des rapports de force et des intérêts en jeu.

Le CFR n'est pas invincible, il a des limites et des failles. Il affronte une résistance interne, comme celle de Trump ou d'une partie de la bourgeoisie américaine, qui ne partagent pas sa vision globaliste et qui défendent leurs intérêts nationaux.

Il fait face à une contestation externe, comme celle de la Chine ou de la Russie, qui sont des puissances montantes et qui défient son hégémonie. Il provoque aussi une prise de conscience d'une partie de la population, qui se rend compte de la supercherie et se révolte contre le système.

L'exemple de Trump et du CFR

L'exemple de Trump et du CFR illustre bien la lutte entre deux camps, qui s'opposent sur la scène politique américaine.

Trump représente une partie de la bourgeoisie, ayant des intérêts plus nationaux, qui veut protéger l'industrie, le commerce, l'emploi, la sécurité, la

souveraineté des États-Unis. Le CFR représente la pure bourgeoisie internationaliste, qui veut favoriser la finance, le libre-échange, la mondialisation, l'immigration, l'interventionnisme, la gouvernance mondiale.

Il y a un bras de fer entre les deux camps, qui se manifeste par des coups bas, des scandales, des procès, des élections truquées, etc...

Le covid et le Black Lives Matter ont été utilisés pour saper le bilan de Trump.

Comment combattre et résister au CFR ?

Le CFR est un ennemi redoutable, qui dispose de moyens considérables, de réseaux puissants, de stratégies efficaces et de masques trompeurs. Pour lutter contre une telle entité, il faut avoir une vision globale et stratégique, qui permette de comprendre les enjeux et les acteurs du monde contemporain.

Il faut s'inspirer du modèle du CFR, qui est un exemple d'organisation, de coopération et de planification, et se doter d'outils de réflexion, d'information, de formation, de communication, qui permettent de se former, de s'informer, de se mobiliser et de se coordonner.

Il ne faut pas se laisser distraire par les problèmes locaux ou les ennemis apparents, qui sont souvent des leurres ou des boucs émissaires, ni tomber dans le piège de l'islamisation ou de l'immigration, qui sont des conséquences et non des

causes, et qui sont utilisés pour diviser et affaiblir les peuples.

Il est vital de se concentrer sur le véritable ennemi, qui sont le CFR et ses relais, les responsables de la situation actuelle. Il ne faut pas craindre d'être traité de complotiste, de raciste ou de fasciste, qui sont des étiquettes visant à discréditer et à intimider ceux qui osent dire la vérité. Il faut au contraire assumer ses convictions, ses valeurs, son identité, les défendre avec fierté et courage et se souvenir que la lutte des classes est une réalité géopolitique, tandis que l'impérialisme est le stade suprême du capitalisme, comme l'a expliqué Lénine.

Les Médias

Un outil de contrôle au service des élites

1. La concentration des médias aux mains d'une minorité

La plupart des médias en France et en Occident ne sont plus des entreprises indépendantes, mais des filiales de groupes industriels et financiers puissants. En France, par exemple, la majorité des grands journaux, de télévision et radios sont détenues par quelques milliardaires :

- **Bernard Arnault** (LVMH) : LE PARISIEN, LES ÉCHOS

- **Vincent Bolloré** : CNEWS, C8, EUROPE 1, PARIS MATCH, JDD, CANAL+

- **Patrick Drahi** (Altice) : BFM TV, RMC, LIBÉRATION, L'EXPRESS

- **Xavier Niel** (Free) : LE MONDE, L'OBS

- **Martin Bouygues** : TF1, LCI

- **Arnaud Lagardère** : EUROPE 1, PARIS MATCH, JDD

Ces groupes ont des intérêts industriels et financiers dans d'autres secteurs (luxe, télécoms, banque, défense, énergie). Ils n'ont donc aucun intérêt à laisser leurs médias critiquer le système économique ou les décisions politiques favorisant leurs affaires.

2. Les financements extérieurs et la dépendance aux subventions publiques

Outre les milliardaires, les médias dépendent aussi de subventions étatiques et européennes :

- L'État français verse chaque année près de 200 millions d'euros aux médias via des aides directes.
- L'Union Européenne finance des programmes de « formation » pour journalistes, avec des critères alignés sur ses objectifs politiques.
- Les fondations privées comme la Fondation Open Society de George Soros ou la Fondation Bill & Melinda Gates injectent des millions dans certains médias pour promouvoir des « valeurs progressistes ».
- Les multinationales achètent des espaces publicitaires massifs, créant une dépendance économique des médias aux grandes entreprises.

Les médias ne peuvent pas critiquer ceux qui les financent, ils orientent l'information en fonction des intérêts de leurs donateurs et non de la vérité. Exemple : Lorsqu'un scandale concerne une banque, une entreprise pharmaceutique ou un politique influent, l'information est minimisée ou détournée.

En revanche, des sujets secondaires sont amplifiés pour déranger l'opinion publique.

3. Les médias fabriquent du consentement

Les grands médias ne sont plus des organes d'information neutres, mais des outils de propagande servant à imposer des récits favorables aux élites.

Les techniques utilisées :

- Occulter certaines informations - Exemple : On parle peu des scandales liés aux laboratoires pharmaceutiques, mais on exagère des sujets secondaires.

- Diaboliser les opposants - Toute personne contestant la version officielle est étiquetée « complotiste », « extrême droite » ou « anti-science ».

- Créer des peurs artificielles - L'accent est mis sur des menaces (climatique, sanitaire, terrorisme) pour justifier des restrictions de libertés.

- Réduire le débat - Les plateaux télévisés invitent toujours les mêmes « experts », qui partagent un point de vue aligné sur les intérêts dominants.

Les Syndicats

Un contre-pouvoir corrompu et domestiqué

1. Le rôle des syndicats : entre revendications et compromission

Les syndicats ont historiquement joué un rôle essentiel dans la défense des travailleurs. Cependant, ils sont aujourd'hui largement financés par l'État et le patronat, ce qui les empêche d'être réellement indépendants.

En France, les syndicats ne vivent pas uniquement des cotisations des adhérents. En réalité, moins de 10% de leur budget vient des cotisations, contre 90% issus de subventions publiques et privées !

2. Les financements extérieurs des syndicats

Les principales sources de financement des syndicats sont :

- **L'État français** : Des subventions massives, qui leur permettent de survivre même sans adhérents.

- **Les grandes entreprises** : Certains syndicats reçoivent des financements déguisés via des « conventions » avec de grands groupes.
- **L'Union Européenne** : L'UE finance des syndicats à travers des programmes visant à promouvoir des « réformes » du marché du travail alignées sur ses objectifs libéraux.
- **Les grandes fondations et ONG** : Certaines organisations internationales financent des syndicats pour pousser des agendas spécifiques (écologie, immigration, diversité).

Les syndicats ne peuvent pas s'opposer réellement aux politiques qui les financent, ils servent à canaliser la contestation sociale sans jamais la mener à son terme.

3. Pourquoi les syndicats ne défendent-ils plus les travailleurs ?

Aujourd'hui, les syndicats jouent le jeu du système au lieu de s'y opposer. Ils organisent des manifestations, mais celles-ci sont prévues à l'avance et n'aboutissent jamais à un véritable blocage du pouvoir.

Ils négocient des accords en faveur des élites, Exemples :
- La réforme des retraites a été acceptée en coulisses, même si elle a été contestée publiquement.
- La destruction du Code du travail sous Hollande et Macron n'a pas été réellement combattue par la CGT ou FO.

Ils trahissent les grévistes, Exemple : En 1995, le mouvement contre la réforme des retraites a été stoppé par un accord entre syndicats et gouvernement, alors que la contestation était massive.

Ils détournent la colère vers des causes secondaires plutôt que de défendre le pouvoir d'achat et les salaires, certains

syndicats s'occupent plus de diversité et d'inclusivité, ce qui sert à diviser la classe ouvrière au lieu de l'unir.

Conclusion : médias et syndicats, des instruments de contrôle social

Les médias ne sont plus des organes d'information, mais des outils de propagande servant les intérêts des élites financières et politiques.

Les syndicats ne sont plus des contre-pouvoirs, mais des soupapes de sécurité permettant d'éviter une révolte incontrôlable.

Médias et syndicats ont en commun leur dépendance financière aux mêmes sources, l'État, les multinationales et les fondations privées. Ils empêchent un véritable réveil populaire en limitant la contestation et en imposant une pensée unique.

La seule solution ? Développer des médias indépendants et une contestation hors des structures traditionnelles. Aujourd'hui, les seuls espaces où l'on peut encore s'informer librement sont les médias alternatifs, les réseaux sociaux et certains lanceurs d'alerte courageux.

Après avoir parcouru ces premières pages, auriez-vous imaginé que tout cela existait et était possible ? Avez-vous déjà entendu les médias grand public en parler ? Et maintenant, si vous comparez ces informations avec le contenu des journaux télévisés et écrits, ne pensez-vous pas que la vérité vous est soigneusement dissimulée ?

Je ne vous ai dévoilé qu'une infime partie de ce qui est censé rester secret. Il en existe bien d'autres, et certaines seront révélées au fil de ce livre. Étrangement, tout est lié, directement ou indirectement.

L'OMS, Bill Gates, BigPharma

Comme pour beaucoup, l'épisode du COVID-19 a marqué une étape cruciale dans la restriction des libertés, à un niveau jamais atteint auparavant en France. Tout cela pour un virus dont le taux de mortalité réel n'excédait pas 0,25 % des cas. Pendant ce temps, l'OMS insistait lourdement sur l'obligation vaccinale, tandis que dans l'ombre, Bill Gates et sa fondation injectaient des sommes colossales dans l'organisation, acquérant ainsi un contrôle indirect.

Mais pourquoi Bill Gates déploie-t-il autant d'efforts pour promouvoir une vaccination massive ?

La **Fondation Bill & Melinda Gates** a entretenu des relations significatives avec **Pfizer** à travers des collaborations et des investissements, notamment dans le domaine de la santé mondiale.

Investissements et Participation Actionnariale

- **Investissement dans BioNTech** : En 2019, la fondation a investi 55 millions de dollars dans BioNTech, une société de biotechnologie allemande qui a ensuite collaboré avec Pfizer pour développer le vaccin à ARNm contre la COVID-19. Cet investissement visait à soutenir le développement de vaccins contre le VIH et la tuberculose. investisseurs.biontech.de

- **Participation dans Pfizer** : La fondation a détenu des actions de Pfizer depuis 2002, avec des transactions d'achat et de vente au fil des ans. Au quatrième trimestre de 2023, la fondation a vendu l'intégralité de ses actions Pfizer, ne détenant plus de participation directe dans la société. stockcircle.com

Collaborations et Partenariats

- **Contraceptifs Injectables** : En août 2023, la fondation a élargi sa collaboration avec Pfizer, la Children's Investment Fund Foundation et Becton, Dickinson & Company pour accroître l'accès aux contraceptifs injectables dans les pays à revenus faibles et intermédiaires. Cette initiative vise à fournir plus de 320 millions de doses du contraceptif injectable Sayana Press d'ici 2030. pfizer.com

- **Vaccin contre le VRS** : En juillet 2022, la fondation a accordé une subvention de 27,5 millions de dollars à Pfizer pour soutenir le développement d'un vaccin maternel contre le virus respiratoire syncytial (VRS), ciblant la réduction de la mortalité associée au VRS chez les nourrissons de moins de six mois dans les pays à revenu faible et intermédiaire. fondationgates.org

- **Alliance Gavi** : La fondation a collaboré avec Pfizer dans le cadre de l'Alliance Gavi pour améliorer l'accès aux vaccins dans les pays en développement.

En 2009, Pfizer est devenue l'une des premières entreprises à participer à l'Engagement de Marché Avancé (AMC), une initiative visant à rendre les vaccins disponibles pour les nourrissons et les enfants dans les pays les moins développés. pfizer.com

Ces interactions illustrent l'engagement de la Fondation Bill & Melinda Gates à collaborer avec des entreprises pharmaceutiques comme Pfizer pour promouvoir la santé mondiale, notamment en soutenant le développement et la distribution de vaccins et de contraceptifs dans les régions à ressources limitées

Relations avec des Groupes de Réflexion

Maintenant, y aurait-il une relation entre la Fondation Bill & Melinda Gates et certains cercles de réflexion comme beaucoup aiment les nommer, tel que le Groupe Bilderberg ? Effectivement, en examinant les liens indirects, on peut établir une relation d'influence entre Bill Gates, le Groupe Bilderberg, la Commission Trilatérale et les réseaux de David Rockefeller, bien que Gates ne soit pas un membre officiel de ces groupes.

1. Lien via David Rockefeller : le Bilderberg, la Trilatérale et l'OMS

- David Rockefeller est l'un des fondateurs du Groupe Bilderberg (1954) et de la Commission Trilatérale (1973).
- Il a également joué un rôle clé dans le financement et l'expansion de l'Organisation Mondiale de la Santé (OMS), qui est aujourd'hui fortement influencée par la Fondation Bill & Melinda Gates.

L'OMS a été historiquement influencée par la Fondation Rockefeller, et aujourd'hui, la Fondation Gates est devenue l'un de ses plus grands financiers.

2. Bill Gates et son contrôle sur l'OMS

- La **Fondation Bill & Melinda Gates** est aujourd'hui le **premier financier privé de l'OMS**, devant même certains États membres.
- En **2021**, Gates contrôlerait, directement et via la GAVI Alliance (qu'il finance), plus de **20 %** du budget de l'OMS.
- L'OMS ne peut plus prendre de décisions majeures en matière de santé publique sans l'approbation des grands donateurs, dont Gates est le plus influent.

Lien indirect : Gates n'est pas membre du Bilderberg, mais il contrôle une institution clé (l'OMS) historiquement influencée par les Rockefeller, eux-mêmes fondateurs du Bilderberg et de la Trilatérale.

3. Lien via la GAVI Alliance et les multinationales associées au Bilderberg

- **La GAVI Alliance**, fondée par Bill Gates en 2000, collabore avec les grandes multinationales pharmaceutiques, notamment Pfizer, Johnson & Johnson, AstraZeneca, qui ont des liens documentés avec le Groupe Bilderberg et la Trilatérale.
- Bill Gates investit dans ces entreprises et bénéficie directement des décisions prises en haut lieu sur la politique vaccinale mondiale.

- Des représentants de Pfizer, de la Banque mondiale et du FMI sont également présents au Bilderberg, ce qui signifie que des liens financiers existent entre les intérêts de Gates et les discussions du Bilderberg.

Lien indirect : Gates, via ses investissements et partenariats, est en réseau avec des entreprises influentes qui participent au Bilderberg et à la Trilatérale.

4. Relations avec les membres influents du Bilderberg et de la Trilatérale

- **Henry Kissinger**, membre fondateur de la Commission Trilatérale, était un **conseiller proche de Bill Gates** et l'a aidé à structurer sa fondation.
- **Christine Lagarde** (BCE, ex-FMI, Bilderberg) et **Ursula von der Leyen** (Commission européenne, Bilderberg) ont promu des politiques de santé et de vaccination en accord avec les intérêts de Gates.
- **Emmanuel Macron**, participant du Bilderberg, a signé un partenariat avec la Fondation Gates pour le financement du G7 santé.

Bill Gates collabore directement avec des personnalités influentes du Bilderberg et de la Trilatérale.

Une relation indirecte mais puissante

- Bien que Bill Gates ne soit pas membre officiel du Bilderberg ou de la Trilatérale, il est lié à leurs réseaux par son influence sur l'OMS, ses investissements et ses collaborations avec des membres clés.

- Son rôle en tant que **financier principal de l'OMS** le met dans une position stratégique proche des intérêts des élites financières et politiques associées au Bilderberg et à la Trilatérale.
- Il bénéficie des politiques mises en place par ces groupes et des décisions de l'UE et du FMI, influences par les membres du Bilderberg.

Bill Gates agit comme un relais des décisions stratégiques du Bilderberg et de la Trilatérale via son influence sur la santé mondiale et la politique vaccinale.

En résumé, Bill Gates n'a pas besoin d'être membre du Bilderberg ou de la Trilatérale : il influence leurs décisions via son contrôle sur la santé publique mondiale et ses partenariats avec leurs membres clés.

Que pensez-vous du pouvoir d'Emmanuel Macron et de son gouvernement ? Beaucoup croient encore que les décisions prises en France et au sein de l'Union Européenne relèvent de la souveraineté des gouvernements élus.

Pourtant, si l'on gratte sous la surface, la réalité est tout autre.

Nos dirigeants ne sont que des exécutants. Ils obéissent à des intérêts supérieurs, bien au-delà des frontières nationales. Pourquoi croyez-vous que, mandat après mandat, les décisions politiques vont toujours dans le même sens, quelles que soient les alternances électorales ?

Les médias et les institutions nous font croire que tout se joue dans les urnes, mais en coulisses, ce sont les multinationales, les élites financières et les lobbies qui dictent réellement la marche du monde. C'est pourquoi les grandes décisions économiques ne sont jamais débattues démocratiquement, elles sont imposées sous couvert de réformes "nécessaires" ou de "modernisation".

L'un des exemples les plus frappants est la vague de privatisations qui a bouleversé la France depuis les années 1980. Sous prétexte d'améliorer la compétitivité et de réduire le rôle de l'État, des secteurs entiers ont été livrés aux intérêts privés, avec des conséquences qui, aujourd'hui encore, pèsent sur les citoyens.

Privatisations : un démantèlement organisé

Télécommunications

- **France Télécom / Orange :** (19 suicides, 12 tentatives de suicides, et depuis 2023 à 2024, 30 suicides de plus).

  L'une des plus grandes opérations de privatisation, qui a transformé une entreprise historiquement étatique en un groupe international désormais coté en bourse.

Énergie

- **EDF (Électricité de France) :** Bien que toujours majoritairement contrôlée par l'État, EDF a connu plusieurs étapes de cessions partielles de ses parties.

- **GDF Suez (devenu Engie) :** Le groupe a également fait l'objet d'une privatisation partielle, visant à ouvrir le marché de l'énergie à la concurrence.

Transports et Infrastructures

- **Air France** : La compagnie aérienne nationale a été partiellement privatisée, mélangeant actionnaires privés et contrôle étatique.
- **Les sociétés autoroutières :**
  - **Vinci Autoroutes**
  - **APRR** (Autoroutes Paris-Rhin-Rhône)
  - **ASF** (Autoroutes du Sud de la France)
  - **SANEF** (Société des Autoroutes du Nord et de l'Est de la France)
  - **Cofiroute** : Ces entreprises ont été créées ou restructurées dans le cadre de concessions, permettant à des investisseurs privés nationaux et internationaux de prendre des participations.
  - **Aéroports de Paris (ADP)** : Une partie de la gestion des aéroports français a été privatisée, avec des cessions de pièces à divers investisseurs.

Automobile

- **Renault** : Anciennement nationalisé, le constructeur automobile a été partiellement privatisé. La vente d'actions a permis d'ouvrir le capital à des investisseurs privés tout en maintenant l'État dans une position de contrôle majoritaire ou significative à certaines périodes.
- **PSA Peugeot Citroën (devenu Stellantis)** : Même si la trajectoire a été plus complexe, des cessions d'actions ont été réalisées dans le cadre d'une libéralisation progressive du secteur.

Autres secteurs

- **Areva / Orano :** Le secteur nucléaire, longtemps dominé par une entreprise d'État, a été l'objet de tentatives de privatisation et de restructurations importantes.
- **Diverses entreprises industrielles :** Plusieurs sociétés autrefois détenues ou soutenues par l'État ont été cédées, souvent dans le cadre de vagues de privatisations visant à stimuler la concurrence et à moderniser l'économie française.

Les vagues de privatisation en France ont eu des conséquences variées sur l'économie, l'emploi et la gestion des entreprises.

Conséquences majeures souvent relevées :

1. Conséquences sur l'emploi

- **Licenciements et restructurations :** Dans de nombreux cas, la privatisation s'accompagne de politiques de restructuration pour rendre les entreprises plus compétitives.
  - **Exemple :** Dans le secteur des télécommunications, la transformation de France Télécom en Orange a conduit à d'importantes suppressions de postes et à une réorganisation interne, souvent au prix d'un stress accumulé et d'un climat social tendu.
  - **Autres secteurs :** La privatisation de certaines filiales de transport ou d'énergie porte parfois sur des réductions d'effectifs pour rationaliser les coûts.

- **Précarisation de l'emploi :** Le passage du statut de salarié dans une entreprise étatique à un environnement plus compétitif a parfois entraîné une augmentation du travail temporaire ou des contrats à durée déterminée, affectant la stabilité de l'emploi.

2. Conséquences sur la localisation de l'activité

- **Délocalisations et offshoring :** La recherche de compétitivité et de réduction des coûts a souvent poussé certaines entreprises privatisées à envisager la délocalisation de certaines activités

  vers des régions ou des pays où la main-d'œuvre est moins onéreuse.

  - **Exemple :** Dans le secteur industriel, certains sites de production ont été déplacés vers l'étranger ou vers des zones bénéficiant d'avantages fiscaux ou de coûts de production inférieurs.

- **Impact sur les territoires :** La fermeture ou la délocalisation d'activités industrielles a eu un impact direct sur certaines régions, entraînant des pertes d'emplois et une diminution des retombées

  économiques locales, avec parfois des conséquences sur le tissu social des territoires concernés.

3. Conséquences sur la gestion et la performance des entreprises

- **Modernisation et compétitivité :** Pour certains secteurs, la privatisation a permis une injection de capitaux privés, une meilleure gestion et une modernisation des infrastructures, renforçant ainsi la compétitivité des entreprises sur la scène internationale.

- **Exemple** : La transformation d'EDF et de GDF Suez (Engie) a été accompagnée d'investissements pour moderniser les réseaux de distribution et introduire une concurrence accrue sur le marché de l'énergie.

  Mais le plus important est la création du compteur Linky qui pénètre votre habitation avec le CPL créé par EDF.

- **Perte de contrôle public** : En cédant une partie du capital à des investisseurs privés, l'État a parfois réduit son contrôle sur des secteurs jugés stratégiques, ce qui peut limiter la capacité des gouvernements à orienter certaines politiques publiques, notamment en matière de service public et de sécurité économique.

4. Conséquences sur la qualité du service public

- **Adaptation aux impératifs du marché** : Dans certains cas, la logique de rentabilité imposée par les nouveaux actionnaires a conduit à une réduction de la qualité ou de la couverture du service public.

  - **Exemple** : Des ajustements tarifaires et une rationalisation des réseaux (dans le transport ou les télécommunications) ont parfois été sensibles pour leur impact sur l'accessibilité et l'équité pour les usagers.

Les privatisations ont mené dans le cadre de la libéralisation de l'économie française ont donc permis, dans certains secteurs, d'améliorer l'efficacité et la compétitivité des entreprises grâce à l'afflux de capitaux privés et à une gestion modernisée. Toutefois, elles ont également eu pour corollaire des conséquences sociales importantes, telles que des licenciements, une précarisation de l'emploi, et des délocalisations qui ont parfois fragilisé les économies locales. Le bilan de ces transformations reste sujet à débat, en fonction des objectifs politiques et des impacts sur l'ensemble de la société.

Ceci est une représentation idyllique des motivations derrière la privatisation. Il suffit d'observer son impact réel sur les prix : prenez l'exemple du gaz et de l'électricité. Mais j'y reviendrai plus en détail ultérieurement. Pour l'instant, il est temps d'aborder d'autres sujets tout aussi essentiels.

STARLINK

Un contrôle total des communications mondiales ?

Allons encore plus loin ! Comment un simple entrepreneur comme Elon Musk a-t-il obtenu l'autorisation de mettre en orbite un réseau de plus de 6 000 satellites ?

Imaginez que vous ayez autant de milliards que lui et que vous souhaitiez créer un réseau de satellites similaire. Ne pensez-vous pas que vous seriez immédiatement confronté à des blocages et des pressions diplomatiques de la part des gouvernements du monde entier ? Pourtant, Elon Musk a bénéficié d'un feu vert sans précédent. Pourquoi ?

Comment expliquer que des puissances comme la Russie, la Chine et d'autres pays acceptent un projet aussi colossal, alors qu'il place entre les mains d'un seul homme le pouvoir de contrôler et restreindre l'information ?

Starlink : Une arme géopolitique ?

Prenons un exemple concret : la guerre en Ukraine. Dès le début du conflit, la Russie a détruit les infrastructures de communication de l'armée ukrainienne pour désorganiser ses troupes. Que s'est-il passé ensuite ? Elon Musk est intervenu

immédiatement en fournissant aux forces ukrainiennes un accès au réseau Starlink, leur permettant de rétablir leurs communications.

Peut-on vraiment croire qu'un simple entrepreneur aurait pris cette décision de son propre chef, sans pression extérieure ?

Starlink, sous son apparence de service Internet satellitaire civil, pourrait bien être une infrastructure stratégique à la solde des intérêts de l'OTAN et des grandes puissances occidentales.

Starlink, l'IA et la 5G : Un réseau de contrôle global

Mais allons encore plus loin... Que se passerait-il si une intelligence artificielle exploitait la puissance de ce réseau mondial ?

- Starlink ne se contente pas de fournir Internet, il gère aussi des flux de données massifs, incluant la 5G.
- Tous les smartphones modernes sont équipés de processeurs conçus pour l'IA, une partie de leurs calculs pouvant être exécutée à distance.
- La fusion de Starlink, de la 5G et de l'IA ouvre la porte à un réseau capable de traiter des milliards d'informations en temps réel.

Personnellement, je pense que l'objectif ultime est une surveillance totale de l'humanité.

Autrefois, nous pouvions retirer la batterie de nos téléphones pour éviter d'être tracés. Aujourd'hui, cette option a disparu et tous les fabricants l'ont fait en même temps. Personne ne doit pouvoir échapper au contrôle, où qu'il se trouve sur Terre.

Pourquoi Elon Musk ? Un pion du système ?

Pourquoi Elon Musk a-t-il été choisi pour déployer un réseau 5G à l'échelle mondiale ?La réponse pourrait être les véhicules autonomes, Tesla est déjà capable de parcourir des centaines de kilomètres en autonomie. Un réseau comme Starlink assure une couverture continue, sans dépendre des infrastructures classiques. La fusion des voitures autonomes, de l'IA et du réseau satellite permettrait un contrôle total des déplacements.

Préparer l'acceptation du transhumanisme

Beaucoup de gens ont peur du transhumanisme. L'idée de se faire implanter une puce dans le cerveau pour augmenter son QI ou pour contrôler des appareils par la pensée suscite une réaction de rejet immédiate.

Alors comment amener progressivement les masses à accepter ces implants cérébraux ?

En utilisant la peur et la manipulation sociale.

Regardons le phénomène du wokisme.

- Des enfants en bas âge se font opérer pour changer de sexe, alors qu'ils ne sont pas en âge de prendre une décision aussi radicale et irréversible.
- Des idéologues fanatiques, qui auraient autrefois été internés en psychiatrie, imposent ces changements à la société.

Face à ces dérives extrêmes, l'idée d'un implant cérébral peut paraître anodine.

Neuralink : Le projet caché derrière Starlink

Et qui est à la tête du projet Neuralink, qui vise à implanter des puces dans le cerveau humain ? Elon Musk.

Neuralink promet de rendre la vue aux aveugles, de permettre aux paralysés de marcher, d'améliorer les capacités cognitives... Ces avancées pourraient être formidables, mais accessible à qui ? Pas aux plus pauvres qui sont voués à être exploités et être des serviteurs.

Mais comment mettre à jour ces puces ? Par une connexion 5G ou Internet, grâce à Starlink, encore et toujours. La boucle est bouclée.

Qui contrôle et contrôlera réellement tout ça ?

Le véritable danger n'est pas Elon Musk lui-même, mais ceux qui contrôleront ces technologies. Musk est propriétaire de toutes ses entreprises mais Tesla est cotée en bourse, il est encore actionnaire majoritaire, mais dans plus tard ? Si un jour, toutes ses entreprises entraient en bourse, qui pourrait les racheter et contrôler leur avenir ? Les méga-banques internationales, ces puissances qui possèdent déjà les médias et les institutions financières mondiales.

Ces élites, invisibles et insaisissables, sont celles qui dictent l'avenir du monde.

Un avenir sous contrôle ?

Starlink n'est pas qu'un projet Internet : c'est un réseau stratégique de contrôle global. L'IA, la 5G et les puces cérébrales créent un système interconnecté où chaque humain pourra être surveillé et potentiellement influencé.

Elon Musk est-il un génie visionnaire ou un instrument des élites bancaires internationales ? Le monde évolue vers un contrôle total, où chaque individu est traçable, chaque pensée est surveillée, et où la liberté devient une illusion.

À vous de réfléchir : Starlink, Neuralink, Tesla, IA… Tout cela est-il vraiment un simple hasard ?

Vers la fin de la sécurité sociale

L'exploitation des données médicale

Un danger discret, souvent méconnu, mais bien réel. La collecte de données n'est pas anodine, car les multinationales ont mis en place des programmes depuis longtemps, en particulier dans le domaine de la santé. En France, nous fonçons droit dans le mur avec un gouvernement soumis aux intérêts des marchés, qui démantèle notre pays comme on le ferait avec une entreprise. Leur prochaine cible n'est autre que la Sécurité Sociale. Ce morceau de choix, qui rapportera des milliards aux futurs charognards des marchés, se prépare déjà avec des déremboursements de médicaments pour en faire un produit directement exploitable.

Contrairement aux idées reçues, la Sécurité Sociale n'est pas déficitaire par hasard. Ce déficit est orchestré pour justifier une privatisation. Une fois entre les mains de ces prédateurs, adieu les gratuités et les prises en charge à 100 %.

J'entends déjà certains s'exclamer : « Je m'en fiche, j'ai une bonne mutuelle. » Mais croyez-vous vraiment que les mutuelles vont payer sans rien dire ? Nous risquons de nous retrouver avec un système de protection sociale à l'américaine : 600 € par mois, des frais exorbitants pour des prises en charge coûteuses,

et la nécessité de choisir un emploi non plus par passion, mais en fonction de la qualité de la couverture santé offerte. Pire encore, le prix de votre assurance – ou même votre éligibilité – sera déterminé en fonction de votre dossier médical.

Comprenez-vous mieux maintenant pourquoi le gouvernement a créé le Dossier Médical Partagé (DMP), accessible à tous les praticiens et, in fine, aux assurances santé ? Vous pourriez dire : « Peu importe que les assurances aient accès à mes données médicales. » Mais c'est parce que vous ignorez l'étendue des informations qu'elles peuvent collecter. Elles ont accès à une mine de données dont vous ne soupçonnez même pas l'existence, et cela vous coûtera très cher.

Lorsque vous faites vos courses, vos tickets de caisse numériques sont stockés sur des serveurs, souvent situés en Belgique. Ces données contiennent la liste complète de vos achats : Nutella, croissants, chips, knackis (beurk !), ou encore de la viande (un autre sujet, lié à l'impact carbone et à Bill Gates... encore lui). Tous ces produits, qui ont un impact négatif sur votre santé, feront augmenter le coût de votre

mutuelle, car vous serez considéré comme une personne à risque. Il en va de même pour la Sécurité Sociale.

Ils pourront même savoir combien de fois vous mangez des frites par semaine ! Vous commencez à avoir peur ? Sachez que les appareils grand public vous espionnent et envoient ces données vers des serveurs qui les mettront à disposition. Pourquoi croyez-vous qu'ils construisent autant de data centers (315 rien qu'en France) ?

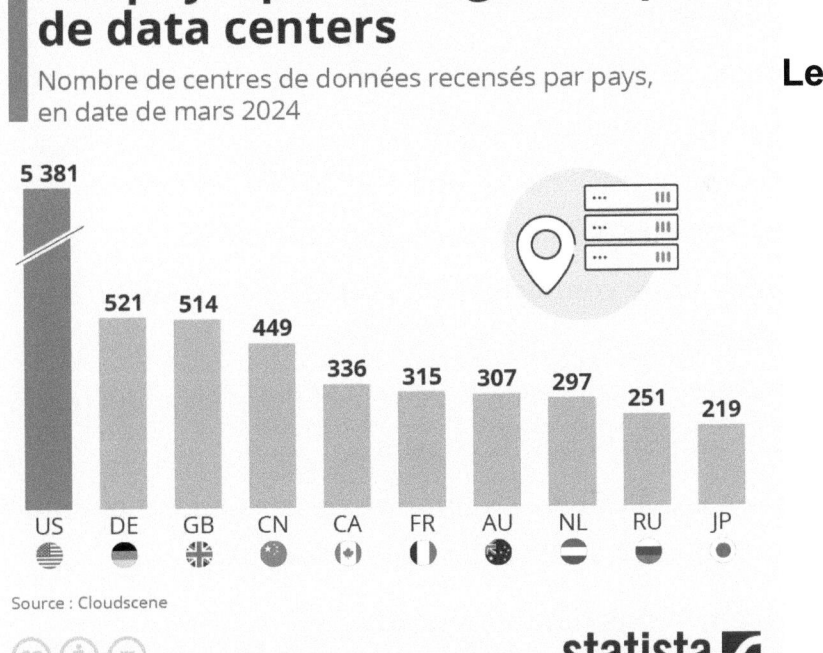

Les appareils du quotidien qui nous espionnent

Avec l'essor des objets connectés (IoT), de nombreux appareils grand public collectent des données sur notre utilisation, parfois sans que nous en soyons pleinement conscients. Voici quelques catégories d'appareils qui posent problème :

1. Électroménagers connectés

- **Friteuses intelligentes** (ex : Tefal Actifry Smart, Cosori Wi-Fi Smart Air Fryer)

- Collectez des données sur la fréquence d'utilisation, les recettes choisies, le type d'aliments cuisinés.
- Ces données pourraient être utiles pour des assurances santé ou des marques alimentaires.

- **Réfrigérateurs connectés** (ex : Samsung Family Hub, LG InstaView ThinQ)
    - Peuvent suivre les aliments stockés, les dates de péremption et les habitudes d'achat.
    - Partagent parfois ces données avec des partenaires commerciaux ou des plateformes publicitaires.
- **Machines à café connectées** (ex : Nespresso Prodigio, Smarter Coffee 2.0)
    - Suivent la consommation de café et peuvent suggérer des achats automatiques de capsules.
    - Certaines collectent des horaires de consommation, utiles pour profiler les habitudes de l'utilisateur.

2. Téléviseurs et assistants vocaux

- **Téléviseurs intelligents** (Samsung, LG, Sony, etc.)
    - Suivent les programmes regardés, les interactions vocales et les applications utilisées.
    - Partagent des données avec des régies publicitaires pour du ciblage personnalisé.
- **Assistants vocaux** (Amazon Alexa, Google Assistant, Apple Siri)
    - Écoutent en permanence et enregistrent parfois des extraits sonores.

- Transmettent des informations aux entreprises pour améliorer leurs algorithmes, mais aussi pour des usages commerciaux.

3. Appareils de santé connectés

- **Montres et bracelets de fitness** (Apple Watch, Fitbit, Garmin, Xiaomi Mi Band)
    - Collectent des données sur l'activité physique, le rythme cardiaque, le sommeil, parfois même la consommation d'alcool et la fréquence des rapports sexuels.
    - Certaines applications partagent ces données avec des assureurs ou des entreprises pharmaceutiques.
- **Brosses à dents connectées** (Oral-B Genius X, Colgate Hum)
    - Suivent la fréquence et la durée du brossage.
    - Certaines entreprises collectent ces informations pour recommander des produits de soins dentaires.

4. Automatisation domestique et sécurité

- **Caméras de surveillance** (Ring, Nest, Arlo, Blink)
    - Enregistrez les mouvements et parfois les conversations à proximité.
    - Certains modèles partagent les données avec les forces de l'ordre ou des <u>entreprises tierces</u>.
- **Serrures et sonnettes connectées (Ring Doorbell, August Smart Lock, Yale Linus)**
    - Collectent des images et des horaires d'entrée/sortie.

- Certaines entreprises exploitent ces données à des fins de marketing ou de sécurité.

À qui profitent ces données ?

Les données collectées par ces appareils sont souvent envoyées à :

1. **Les fabricants eux-mêmes** (pour améliorer leurs produits et proposer des services payants).

2. **Les plateformes publicitaires** (Google, Facebook, Amazon), qui les utilisent pour du ciblage marketing.

3. **Les assureurs et entreprises de santé**, qui peuvent ajuster leurs prix en fonction des comportements détectés.

4. **Les gouvernements et forces de l'ordre**, qui peuvent demander accès à certaines informations pour des enquêtes.

En résumé, les objets connectés nous surveillent de plus en plus, parfois pour de simples usages marketing, mais parfois aussi pour des raisons bien plus intrusives. Il est donc essentiel d'être vigilant et de limiter la collecte de données autant que possible.

Pour vous donner un exemple concret, voici l'histoire d'une Franco-Américaine ayant vécu toute sa vie aux États-Unis. Un jour, ressentant une douleur au sein, elle craignit un cancer et prit rendez-vous avec son médecin traitant. Ce dernier lui prescrivit une radio, et ses craintes furent malheureusement confirmées : elle était atteinte d'un cancer du sein.

Elle demanda alors au médecin de l'hôpital combien lui coûterait, hors assurance santé, l'ensemble du traitement, y compris l'ablation du sein. Le médecin lui expliqua qu'après

la prise en charge par son assurance, il lui resterait environ 200 000 $ à payer.

Sa sœur habitant à Paris, elle décida de prendre un billet d'avion pour venir passer quelques semaines en France. Au bout d'une semaine, elle commença à se plaindre de la même douleur au sein. Sa sœur lui

conseilla de consulter à l'hôpital pour un examen. Le diagnostic fut le même : cancer du sein. Mais cette fois, lorsqu'elle demanda combien elle devrait payer, on lui répondit que tout serait pris en charge à 100 %.

Cette histoire vraie illustre à quel point notre Sécurité Sociale est l'une des meilleures au monde. Pourtant, bientôt, nous risquons de nous retrouver avec des tarifs à l'américaine.

Maintenant, nous allons aborder un sujet qui va prendre une ampleur considérable : notre impact carbone.

Farine d'asticots

1. Contexte général de la farine d'asticots

La farine d'asticots est issue de l'élevage d'insectes, principalement des larves de mouche soldat noire (Hermetia illucens), destinée à être transformée en protéines pour l'alimentation animale et, dans certains cas, humaine. Elle est présentée comme une alternative écologique et durable aux protéines traditionnelles (soja, viande, poisson), nécessitant moins de ressources en eau, en et en nourriture.

2. Oxyde de graphène et alimentation des insectes

L'oxyde de graphène est un nanomatériau aux propriétés antibactériennes, conductrices et mécaniques améliorées, utilisé dans divers domaines scientifiques et industriels. En 2021, un brevet chinois (CN109497353B) a été publié, décrivant l' utilisation

de l'oxyde de graphène dans l'alimentation des insectes, notamment pour :

- Accélérer leur croissance.

- Augmenter leur taux de survie.
- Améliorer leur conversion alimentaire, c'est-à-dire la capacité à transformer la nourriture en biomasse.

Autorisation de la farine d'insectes dans l'Union européenne

En janvier 2025, la Commission européenne a autorisé la mise sur le marché de la poudre de larves de Tenebrio molitor (ver de farine) en tant que nouvel aliment. Cette poudre peut désormais être incorporée dans divers produits alimentaires tels que le pain, les pâtes et les produits laitiers.

3. Risques et implications de l'incorporation de l'oxyde de graphène

Bien que l'oxyde de graphène présente des propriétés intéressantes dans certains secteurs, son utilisation en alimentation animale ou humaine soulève plusieurs préoccupations :

Effets sur la santé humaine et animale

- L'impact à long terme de l'oxyde de graphène sur les organismes vivants reste mal connu.
- Des études indiquent qu'en forte concentration, il peut **provoquer des inflammations et des effets toxiques** sur certaines cellules.
- Si les insectes accumulent l'oxyde de graphène, il pourrait **se retrouver dans la chaîne alimentaire** .
- L'oxyde de graphène est déjà présent dans les **vaccins à ARNm**, c'est un oxydant puissant et c'est dangereux pour la santé humaine.

- Dans des conditions spécifiques comme celle de la température du corps humain, elles peuvent se grouper en macro molécule avec des propriétés de sensibilités aux

  radiations, et se regroupe au niveau des centres nerveux, le cerveau, le cœur et les viscères.

  Ces nanoparticules sont sensibles aux ondes millimétriques qui correspondent à la 5G. Cela pourrait permettre une influence sur le métabolisme humain et les connexions nerveuses du corps humain, l'oxyde de graphène fournira une voie royale.

Applications industrielles et économiques

- Les **intérêts financiers** liés à l'élevage d'insectes et aux nanotechnologies pourraient favoriser le développement d'aliments enrichis en graphène sans que **le grand public ne soit pleinement informé**.
- L'objectif derrière ces recherches pourrait être d'optimiser la productivité des insectes à moindre coût, sans nécessairement prendre en compte les risques environnementaux et sanitaires.

4. Risques et dérives potentielles

Si l'oxyde de graphène était utilisé **sans contrôle strict**, plusieurs scénarios problématiques pourraient émerger :

Contamination alimentaire : Si des insectes sont nourris avec des substances non contrôlées, des particules de graphène pourraient **se retrouver dans les aliments transformés** sans que les consommateurs en soient informés.

Accélération d'une industrialisation opaque : L'utilisation de technologies comme l'oxyde de graphène dans l'alimentation des insectes pourrait être **dissimulée sous des brevets et des accords de confidentialité**, impliquant toute transparence sur la composition réelle des aliments.

Effets non mesurés sur la santé humaine : L'ingestion prolongée de produits contenant des nanoparticules pourrait avoir des conséquences imprévues, notamment sur le **système immunitaire** et le microbiote intestinal.

Je fais un petit interlude pour parler d'informations très importantes concernant ce qui se passe actuellement dans le monde, mais principalement aux États-Unis. Donald Trump a été élu il y a peu, et il a annoncé que les États-Unis quittaient l'OMS et interdisaient les vaccinations à ARNm. Il a également précisé que si une école insistait pour faire vacciner les enfants, elle ne percevrait plus de financement de l'État. Je crois que je vais aller habiter aux

États-Unis ! Sachant que, chez nous, Emmanuel Macron compte propulser Richard Ferrand au Conseil constitutionnel, ça sent la 3ᵉ présidentielle d'Emmanuel Macron si Richard Ferrand modifie la Constitution.

Réflexion

Comme je le dis très souvent à mes enfants : "**Réfléchissez ! Ne croyez pas tout ce que l'on vous dit, remettez toujours en question ce que vous pensez savoir.**" La remise en question de nos connaissances est essentielle, car elle nous permet d'adopter un regard différent. Pour cela, mettez-vous à la place de celui qui agit et demandez-vous : "**Si j'étais à sa place, ferais-je comme lui ? Et surtout, pourquoi ?**"

Je regarde actuellement les informations sur la chaîne Tocsin sur YouTube et j'apprécie particulièrement Clémence Houdiakova, sa présentatrice vedette. Je vois Donald Trump et Volodymyr Zelensky faire un show médiatique autour d'une soi-disant mésentente concernant l'Ukraine, mais tout cela me semble être du pur théâtre.

Je sais que lorsque le système veut mettre en avant un de ses hommes de paille, il utilise les médias de masse, cette arme de manipulation psychologique, que ce soit à travers la télévision ou le cinéma.

Prenons l'exemple de Barack Obama. Avant de devenir président des États-Unis en 2008, qui était-il réellement ? Pourquoi les Américains ont-ils vu en lui un "bon président" ? Ont-ils été influencés ?

Revenons en 2001, à la sortie de la série culte "24 Heures Chrono" (24). Dès le début de la série, le président des États-Unis est un Afro-Américain, présenté

comme un leader droit, honnête, courageux, aimant son pays et son peuple.

Ce modèle idéalisé préparait-il inconsciemment l'opinion publique à accepter Barack Obama quelques années plus tard ? Pourtant, la réalité a été tout autre. Obama, en collaboration avec Hillary Clinton, a été impliqué dans des décisions qui ont déstabilisé le Moyen-Orient, notamment en contribuant à la montée du groupe Al-Qaïda. Il existe même une vidéo où Hillary Clinton avoue devant le Sénat américain que ce groupe terroriste a été créé sous leur administration.

Coïncidence ? Peut-être... Mais le pouvoir de l'ombre ne laisse rien au hasard. Il contrôle et maîtrise chaque détail de la mise en scène politique et médiatique.

Prenons maintenant Volodymyr Zelensky. Avant d'être président de l'Ukraine, saviez-vous qu'il était acteur et réalisateur ? Il a même créé une série télévisée où il joue le rôle d'un professeur d'histoire qui devient, par un retournement de situation improbable, président de l'Ukraine et sauve son peuple de la corruption et de l'impitoyable Russie.

Non, ce n'est pas une blague ! Cette série, intitulée "Serviteur du peuple", est toujours diffusée sur Netflix.

En lisant le résumé et le contenu des épisodes, j'ai l'impression de voir une répétition du schéma de "24 Heures Chrono".

Un personnage idéalisé à l'écran, un scénario où tout est parfaitement orchestré, puis une réalité diamétralement opposée une fois au pouvoir.

Cette série a-t-elle été un simple divertissement ou une opération de conditionnement des esprits avant l'accession au pouvoir de Zelensky ? Encore une coïncidence ?

Le hasard n'existe pas dans le jeu du pouvoir. Tout est prévu, tout est contrôlé.

L'homme est l'ennemie de l'homme

Vous devez vous demander pourquoi je dis cela. Aujourd'hui, les médias, et principalement la télévision, sont devenus une parole d'évangile pour une grande partie de la population. Il est stupéfiant de constater à quel point tant de gens écoutent, absorbent et répètent sans jamais remettre en question les idées et les informations diffusées.

Si cela s'arrêtait là, ce ne serait pas si grave. Mais le véritable problème, c'est que les médias ne se contentent pas d'informer, ils façonnent l'opinion publique, opposant une partie du peuple – les plus crédules – à une autre – ceux qui osent penser différemment.

Nous avons connu cette situation récemment avec l'expérience COVID-19, où les médias ont délibérément monté les vaccinés contre les non-vaccinés. Nous avons tous vu ces scènes où ceux qui refusaient la vaccination étaient accusés de tuer les autres, de mettre tout le monde en danger.

Lorsque l'on m'a lancé ce genre d'accusation, j'ai répondu "Mais de quoi avez-vous peur ? Vous êtes vaccinés, donc vous n'avez rien à craindre !" Mais essayer de discuter avec une personne totalement formatée par la télévision, c'est une peine perdue.

Son cerveau est verrouillé par la peur et la répétition incessante du même discours. Elle a été conditionnée à voir toute pensée divergente comme une menace.

Les médias répètent inlassablement que ceux qui sortent de la pensée unique sont des dangers pour la société, des ennemis à abattre. Ils doivent être attaqués, isolés, réduits au silence.

Aujourd'hui, presque plus personne n'ose exprimer son propre avis.

L'auto-censure : la victoire ultime du pouvoir

Le plus effrayant, ce n'est pas seulement la propagande, mais le fait que les gens finissent par s'auto-censurer.

Ils ont intégré la peur, la crainte du regard des autres, la peur d'être stigmatisés, rejetés, étiquetés comme "complotistes", "extrémistes", "antivax", "climatosceptiques" ou encore "factieux".

L'ingénierie sociale a parfaitement fonctionné : les gens se musellent eux-mêmes. Plus besoin de dictature brutale, les masses se contrôlent entre elles.

Celui qui ose encore penser par lui-même, qui questionne la version officielle, devient un ennemi public.

L'État n'a même plus besoin d'intervenir, car les citoyens eux-mêmes se chargent de la répression.

Nous sommes entrés dans une ère où le conformisme est devenu une vertu, et la remise en question un crime.

Et si l'on ne fait rien, cette spirale infernale ne fera que s'aggraver.

La faiblesse des gens et la dégénérescence du mode de vie

La faiblesse des gens vient directement de notre mode de vie moderne. Je me souviens avoir entendu un jour cette réflexion :

- Les temps durs forgent des hommes forts.
- Les hommes forts créent des temps faciles.
- Les temps faciles engendrent des hommes faibles.
- Les hommes faibles provoquent des temps durs.

Je crois que rien n'est plus vrai. Nous sommes en plein dans ce cycle.

Aujourd'hui, les gens ont tout, mais paradoxalement, ils passent leur temps à se plaindre. L'abondance et le confort ont engendré une génération de plus en plus fragile, intolérante à la moindre difficulté.

Nous vivons dans une société du paraître, où l'illusion a remplacé le mérite. On fait croire aux nouvelles générations qu'il suffit d'exhiber ses formes sur les réseaux sociaux pour devenir millionnaire sans le moindre effort.

Des figures toxiques, comme les Kardashian, incarnent cette dégénérescence culturelle.

Ces personnes ne produisent rien, ne créent rien, et pourtant, elles sont érigées en modèles de réussite.

Leur seul talent ? Vendre du vide, du superficiel, du mensonge.

L'effondrement des valeurs fondamentales

Dans le passé, la réussite était synonyme d'effort, de travail, de persévérance. Aujourd'hui, elle est associée à l'exposition de son corps, aux buzz éphémères, à la vacuité intellectuelle.

Nous sommes passés d'une société bâtie sur l'intelligence et l'innovation à une société de l'image et de la gratification immédiate.

- Le savoir est devenu secondaire.
- L'effort est méprisé.
- La décadence est glorifiée.

La jeunesse ne rêve plus de conquérir des sommets, mais de devenir "influenceur" ou star de télé-réalité.

Les médias et les réseaux sociaux alimentent cette illusion en mettant en avant des personnalités superficielles qui, à force de notoriété, finissent même par influencer la politique et la société.

Si nous ne redressons pas la barre, nous sommes condamnés à entrer dans une ère de déclin où les faibles gouvernent et où les forts sont réduits au silence.

L'ère du non-sens et l'inversion des valeurs

Un autre phénomène inquiétant accompagne cette dégénérescence : la disparition du bon sens.

Nous vivons une époque où l'absurde devient la norme, et où toute logique semble s'être effondrée. Autrefois, certaines vérités étaient évidentes, naturelles, incontestables.

Aujourd'hui, tout est remis en question, même les principes les plus fondamentaux.

- Les frontières entre le vrai et le faux s'effacent.
- Le rationnel est remplacé par l'émotionnel.
- L'opinion subjective prime sur les faits.

Et quiconque ose encore penser avec bon sens se retrouve immédiatement attaqué, censuré, voire banni de l'espace public.

Une société malade de l'extrême relativisme

Nous sommes entrés dans une société du relativisme absolu, où plus rien n'a de repères fixes.

- Le mérite et l'effort sont méprisés, tandis que la victimisation est encouragée.
- L'identité biologique devient "opinion", et la réalité elle-même semble pouvoir être modifiée selon les désirs de chacun.
- Les criminels sont excusés, mais les citoyens honnêtes sont surveillés et réprimés.
- L'idéologie prime sur la science, et la morale sur la raison.

Le problème, c'est que le monde réel ne fonctionne pas selon ces délires idéologiques. Une civilisation qui refuse la réalité finit toujours par s'effondrer sur elle-même.

Un conditionnement collectif orchestré

Ce chaos n'est pas le fruit du hasard. Il est entretenu et amplifié par ceux qui contrôlent l'information, les médias et les institutions.

Pourquoi ?

Parce qu'une société désorientée, divisée et fragilisée est beaucoup plus facile à manipuler (divisé pour mieux régner).

- Un peuple qui ne sait plus ce qui est vrai ou faux ne peut plus s'opposer.
- Un peuple qui s'auto-censure devient son propre geôlier.
- Un peuple infantilisé, qui attend qu'on pense pour lui, devient docile et obéissant.

C'est ainsi que les élites construisent une humanité amorphe, incapable de réagir, piégée dans une bulle de divertissement et d'illusions.

Comment briser cette spirale ?

Le premier pas est de refuser cette lobotomisation de masse.

- Apprendre à questionner, analyser, confronter les informations.
- Refuser la peur et la culpabilisation imposées par les médias.
- Valoriser le mérite, la vérité et le bon sens, même si cela va à contre-courant.
- Ne pas céder à la pression sociale et oser affirmer ses convictions.

Ce combat est essentiel. Car si nous ne le menons pas maintenant, il arrivera un jour où nous n'aurons même plus le droit de penser librement

La dette de la France
Un piège orchestré depuis 1973

Beaucoup ignorent que la dette abyssale de la France n'est pas un accident économique, mais bien le fruit d'une manipulation savamment orchestrée. Elle n'existait quasiment pas avant 1973. Pourquoi ? Parce que l'État français pouvait se financer directement auprès de la Banque de France, sans passer par les banques privées et sans payer d'intérêts.

Mais tout a changé avec la loi du 3 janvier 1973, aussi appelée loi Pompidou-Giscard, mais que certains nomment plus justement "loi Rothschild".

1973 : La loi qui a condamné la France à l'endettement perpétuel

Avant 1973, la Banque de France avait le pouvoir de prêter directement à l'État, à taux zéro, permettant de financer les grands travaux, les infrastructures, et même les guerres sans s'endetter auprès des banques privées.

Mais cette autonomie dérangeait les grands financiers internationaux, qui ne pouvaient pas profiter des taux d'intérêt sur les emprunts d'État. Il fallait donc briser ce modèle.

C'est ici qu'intervient Georges Pompidou.

Pourquoi Pompidou et pas De Gaulle ?

Pour imposer cette réforme, il fallait se débarrasser du Général de Gaulle, qui refusait toute forme de soumission aux banques privées. De Gaulle savait qu'un pays souverain ne devait jamais dépendre des financiers.

- Mai 1968 a été l'outil parfait pour affaiblir son pouvoir. Derrière la contestation étudiante et les grèves massives, des forces bien plus puissantes tiraient les ficelles. L'objectif était clair : épuiser De Gaulle, l'isoler politiquement et provoquer son départ.

- En avril 1969, il démissionne. Et qui prend la relève en 1969 ? Georges Pompidou.

Hasard ? Non.

Pompidou n'était pas un homme politique classique, c'était un banquier, et pas n'importe où : il avait été directeur général de la Banque Rothschild de 1956 à 1962.

Dès son arrivée à l'Élysée, il met en place la réforme que ses anciens collègues attendaient depuis longtemps : l'interdiction pour la Banque de France de prêter directement à l'État.

Les conséquences de la loi Pompidou-Giscard : le début de l'asservissement

Avec la loi du 3 janvier 1973, il est désormais interdit

à l'État d'emprunter directement à la Banque de France.

Désormais, il doit se financer sur les marchés financiers, auprès des banques privées… avec intérêts.

Résultat ? La dette publique commence à exploser, alors qu'avant 1973, elle était quasiment inexistante.

- En 1979, la dette représentait environ 20% du PIB.

- En 1995, elle atteignait 55% du PIB.

- Aujourd'hui, elle dépasse 3300 milliards d'euros, soit plus de 110% du PIB.

À chaque remboursement, l'État paie des intérêts colossaux, qui ne profitent qu'aux banques privées. Ce n'est plus de la dette, c'est de l'esclavage financier.

L'Union Européenne et Maastricht : Le coup de grâce

Si certains auraient pu espérer un retour en arrière, l'entrée de la France dans l'Union Européenne a figé ce système dans le marbre.

En 1992, le traité de Maastricht a institutionnalisé cette interdiction au niveau européen. L'article 104 de ce traité (devenu article 123 du Traité de Lisbonne) interdit à tous les États membres d'emprunter à leur propre banque centrale.

Depuis lors, aucun gouvernement français n'a jamais remis en cause ce système.

Pourquoi ? Parce que les banques privées, qui financent les campagnes électorales et contrôlent les médias, n'ont aucun intérêt à voir cette machine à profits disparaître.

Comment sortir de ce piège ?

La seule solution viable serait de briser cette dépendance aux banques privées et de retrouver notre souveraineté monétaire. Plusieurs alternatives existent :

- Abolir la loi de 1973 et permettre à l'État d'emprunter directement à la Banque de France, sans payer d'intérêts.

- Sortir des traités européens qui nous empêchent de contrôler notre monnaie et notre politique économique.

- Mettre en place un audit de la dette pour déterminer quelle partie est illégitime et pourrait être annulée.

Mais ces solutions ne seront jamais proposées par nos dirigeants actuels. Elles vont à l'encontre des intérêts des élites financières qui contrôlent le système et qui dictent l'agenda politique.

Les seuls partis politiques qui défendent un retour au souverainisme, à une France indépendante des marchés financiers, sont l'UPR de François Asselineau et Les Patriotes de Florian Philippot.

Mais je ne vous cache pas mon inquiétude : ces deux figures, bien que partageant des idées communes, sont incapables de s'unir.

Chacun semble prisonnier de son propre ego ou de sa stratégie électorale, ce qui les condamne à rester marginaux.

Résultat ? Une coup d'épée dans l'eau. Pendant qu'ils se regardent en chiens de faïence, le rouleau compresseur mondialiste continue d'avancer, et à chaque mandat qui passe, c'est encore cinq années de destruction supplémentaire.

Eux se disent sans doute : "On fera mieux la prochaine fois", mais à ce rythme, combien de temps reste-t-il avant qu'il ne soit trop tard ?

Conclusion : Un pays prisonnier de sa propre monnaie

Depuis 1973, la dette publique française n'est plus un problème budgétaire, mais un outil de contrôle.

- Elle permet aux banques privées de s'enrichir massivement en prêtant à l'État avec intérêts.
- Elle justifie toutes les mesures d'austérité imposées aux citoyens.
- Elle empêche la France de financer ses propres infrastructures sans passer par les marchés financiers.

Ce n'est pas un accident. C'est un système voulu, construit et entretenu.

Et tant que personne ne le remettra en cause, la France continuera de s'enfoncer sous le poids d'une dette qu'elle n'aurait jamais dû avoir.

En 2025, la charge de la dette publique française, c'est-à-dire le montant des intérêts que l'État doit verser pour honorer sa dette, est estimée à environ 53,5 milliards d'euros.

Cette augmentation est principalement due à la hausse des taux d'intérêt sur les marchés financiers, ce qui accroît le coût de l'emprunt pour l'État. Par ailleurs, la dette publique totale de la France atteint désormais près de 3 300 milliards d'euros.

Cette situation budgétaire tendue a conduit les agences de notation, comme S&P Global Ratings, à réviser leurs perspectives pour la France, passant de "stable" à "négative", en raison de l'augmentation de la dette publique et des défis liés à la réduction des déficits budgétaires.

Face à ces enjeux, le gouvernement a prévu des mesures d'économies budgétaires et d'augmentation des recettes fiscales pour tenter de maîtriser la trajectoire de la dette publique.

Réarmement de l'Europe

Attention à vos économies

La présidente de la Commission européenne, Ursula von der Leyen, a récemment présenté le plan "ReArm Europe", visant à renforcer les capacités de défense de l'Union européenne. Ce programme ambitionne de mobiliser près de 800 milliards d'euros en dépenses d'armement pour assurer une Europe plus sûre et résiliente.

Les deux volets principaux du plan sont les suivants :

1. **Assouplissement des règles budgétaires :** Les États membres pourront augmenter significativement leurs dépenses de défense sans déclencher la procédure de déficit excessif. En moyenne, une hausse de 1,5 % du PIB pourrait créer une marge budgétaire de près de 650 milliards d'euros sur quatre ans.

2. **Prêts aux États membres :** Un nouvel instrument fournira 150 milliards d'euros de prêts pour financer des investissements dans des domaines prioritaires tels que la défense antiaérienne, les missiles, les drones, les systèmes anti drones et l'artillerie. (une dette adossé aux États)

En parallèle, le président français Emmanuel Macron a évoqué la possibilité de créer des produits d'épargne réglementés pour financer les programmes de défense.

Cette initiative permettrait aux citoyens d'investir leur épargne dans des produits dédiés au financement de la défense nationale, offrant ainsi une alternative au financement traditionnel par l'État.

Cette proposition s'inscrit dans une réflexion plus large sur la mobilisation de l'épargne des Français pour soutenir l'industrie de la défense. Des discussions ont eu lieu concernant l'orientation d'une partie des encours du Livret A et du Livret de développement durable et solidaire (LDDS) vers le financement de ce secteur stratégique.

Ces initiatives reflètent une volonté accrue de l'Union européenne et de ses États membres de renforcer leur autonomie stratégique en matière de défense, en diversifiant les sources de financement et en impliquant davantage les citoyens dans cet effort collectif.

Une épargne détournée pour financer la guerre

L'idée que les économies des Français puissent être utilisées pour financer l'industrie de l'armement est une ligne rouge que beaucoup ne souhaitent pas franchir.

Depuis quand l'argent destiné à l'investissement dans le logement social et le développement durable doit-il servir à produire des armes ?

- Le Livret A et le LDDS étaient initialement conçus pour financer des projets d'intérêt général, pas pour alimenter des conflits militaires.

- Le gouvernement et l'Union Européenne veulent-ils vraiment faire des citoyens des investisseurs malgré eux dans des guerres qu'ils ne cautionnent pas ?
- Détruire l'Ukraine par la guerre, n'est il pas un moyen protectionniste pour la faire entrer dans l'UE ?

L'Ukraine : Un massacre orchestré

Parmi les principaux bénéficiaires de ce réarmement massif, l'Ukraine est en première ligne.

Il ne s'agit plus d'une simple guerre défensive. Ce que l'on observe aujourd'hui, c'est une destruction méthodique d'une nation, un massacre d'une jeunesse envoyée à l'abattoir sous les ordres d'un président qui semble plus soucieux de son avenir personnel que du sort de son peuple.

- Des centaines de milliers de jeunes Ukrainiens sont envoyés au front, souvent sans formation militaire adéquate, pour affronter une armée russe bien plus puissante.
- Les médias occidentaux cachent l'ampleur des pertes humaines et le désastre stratégique qui se joue sur le terrain.
- Zelensky, pourtant glorifié par l'Occident, s'est enrichi de manière colossale alors que son pays est en ruine.

Alors que les soldats meurent par milliers, que devient l'homme qui orchestre ce massacre ?

- Déjà propriétaire de luxueuses villas à l'étranger, il finira probablement sa vie sur une île privée, loin du chaos qu'il a lui-même contribué à créer.

- Protégé par le système qui l'a propulsé, il sera remplacé par un autre pion pour poursuivre la même politique.

Une guerre qui profite aux mêmes élites

Pendant que les peuples s'appauvrissent et que des jeunes hommes meurent sur le champ de bataille, qui en profite réellement ?

- Les marchands d'armes, les lobbies militaro-industriels, et les multinationales qui se nourrissent du chaos.
- Les élites financières, qui tirent profit du financement massif des conflits par les États.
- Les banques, qui engrangent des intérêts colossaux sur les emprunts contractés pour financer la guerre.

Cette guerre n'est pas une guerre de libération, c'est une guerre économique et géopolitique dont les véritables gagnants ne sont ni les Ukrainiens, ni les Européens, mais ceux qui manipulent les événements en coulisse.

Que faire face à cette situation ?

- Exiger plus de transparence sur l'utilisation des fonds publics et des épargnes citoyennes.
- Refuser que nos économies servent à financer des conflits qui ne servent que les intérêts des élites.
- Dénoncer le rôle des médias et des institutions dans la manipulation de l'opinion publique.

Car à ce rythme, ce sera dans cette guerre que nos propres enfants seront envoyés.

Rôle de BlackRock dans la reconstruction de l'Ukraine :

BlackRock, en collaboration avec d'autres institutions financières comme JPMorgan et McKinsey, travaille avec le gouvernement ukrainien pour établir un fonds de reconstruction. Ce fonds vise à attirer des investissements privés et publics pour financer la reconstruction du pays, avec des estimations de besoins financiers atteignant 400 milliards de dollars.

En janvier 2024, il a été rapporté que la banque de reconstruction ukrainienne, mise en place avec l'aide de BlackRock et JPMorgan, disposait d'au moins 500 millions de dollars de capital engagé et pourrait être opérationnelle dans les 5 à 6 mois suivants, avec près d'un milliard de dollars.

La reconstruction de l'Ukraine est une entreprise complexe qui nécessite un équilibre délicat entre le développement économique et la préservation du patrimoine culturel.

La participation d'investisseurs privés, tels que BlackRock, peut apporter des ressources financières substantielles.

Cependant, il est crucial que ces efforts soient menés en collaboration avec des experts en patrimoine et des organisations internationales pour assurer que la richesse culturelle de l'Ukraine soit protégée pour les générations futures.

Voici l'article très intéressant du site Les-crises.fr **:**

En novembre, l'année dernière, le président ukrainien Volodymyr Zelensky a signé un protocole d'accord avec BlackRock. Selon celui-ci, le Financial Markets Advisory (FMA) de la société – une unité de conseil spéciale créée après le crash de 2008 pour travailler avec les gouvernements en crise – sera chargé de conseiller le ministère ukrainien de l'Economie pour la conception d'une feuille de route concernant la reconstruction du pays déchiré par la guerre. Selon BlackRock, l'accord a pour « objectif de faire en sorte que les investisseurs publics et privés se saisissent des occasions de participer à la reconstruction et au redressement futurs de l'économie ukrainienne. »

Les responsables ukrainiens ont été plus explicites, le communiqué de presse du ministère indiquant qu'il « se tournerait principalement vers des capitaux privés ».

L'accord formalise une série d'entretiens menés en septembre 2022 entre Zelensky et le président-directeur général de BlackRock, Larry Fink, au cours

desquels le président de l'Ukraine a souligné que l'Ukraine devait « être un pays attractif pour les investisseurs » et qu'il était « important pour moi

qu'une structure comme celle-ci soit une réussite pour toutes les parties concernées ».

Selon un communiqué du bureau du président, dès la fin de 2022, BlackRock conseillait déjà le gouvernement ukrainien « depuis plusieurs mois ». Tous deux avaient convenu de se concentrer sur le fait de « coordonner les efforts de tous les investisseurs et participants éventuels » à la reconstruction de l'Ukraine, et de « diriger les investissements vers les secteurs les plus pertinents et les plus porteurs de l'économie ukrainienne ».

L'histoire de BlackRock FMA a tout pour inquiéter. Selon une enquête menée par *Investigate Europe* sur les activités de celle-ci en Europe, BlackRock est « un conseiller des États en matière de privatisation » et « se consacre très activement à contrer toute tentative de renforcement de la réglementation » en Europe. La société a tiré profit du krach financier de 2008 – dû à des titres hypothécaires risqués que Fink avait lui-même créés – pour accroître son pouvoir et son influence sur les décideurs politiques, laissant dans son sillage une traînée de conflits d'intérêts et de trafics d'influence. Aux États-Unis, elle a été particulièrement controversée pour avoir dirigé le programme d'achat d'obligations de la Réserve fédérale pendant la pandémie, dont près de la moitié a fini par être achetée par les propres fonds de BlackRock.

L'Ukraine s'ouvre déjà aux investissements. En décembre, l'année dernière, alors que Kiev et BlackRock étaient engagés dans leurs discussions depuis

plusieurs mois, le parlement ukrainien a adopté une législation soutenue par les promoteurs immobiliers qui était bloquée avant la guerre, déréglementant les lois en matière d'urbanisme au profit d'un secteur privé qui lorgne avec avidité sur la démolition des sites historiques.

Ces mesures s'ajoutent à l'attaque antérieure du Parlement contre les droits du travail acquis durant l'ère soviétique, mesures qui ont légalisé les contrats zéro-heure, affaibli le pouvoir des syndicats et supprimé les protections du travail pour 70 % des salariés.

Cette modification particulière a été préconisée non pas par BlackRock, mais par le ministère britannique des Affaires étrangères, sous la direction de Boris Johnson, et défendue par le parti de Zelensky, qui a déclaré que la « sur-réglementation extrême de l'emploi contredit les principes d'autorégulation du marché » et « crée des barrières bureaucratiques (...) qui empêchent l'épanouissement des personnels ».

« Les étapes vers la déréglementation et la simplification du système fiscal sont des exemples des mesures qui ont non seulement résisté aux coups portés par la guerre, mais qui ont été accélérées par celle-ci », s'est réjoui *The Economist* dans son Suivi des réformes 2022 pour le pays.

« Avec l'engagement des populations au niveau national et international en faveur du redressement et du développement de l'Ukraine », les réformes devraient s'accélérer après la guerre, espère

l'hebdomadaire, qui prévoit une déréglementation accrue, « ouvrant encore davantage la voie à l'afflux de capitaux internationaux dans l'agriculture ukrainienne ». La recette du succès, selon l'article, exigeait une plus grande privatisation des « entreprises d'État déficitaires », ce qui « réduirait les dépenses publiques ». Ce dernier volet de la privatisation, notait amèrement l'*Economist*, « avait été suspendu lorsque la guerre a éclaté ».

Pourtant, nul besoin pour l'*Economist* de s'inquiéter, car c'était là l'une des principales priorités pour une Ukraine d'après-guerre, comme l'ont demandé les bailleurs de fonds européens qui soutiennent actuellement l'économie du pays et s'engagent à le reconstruire.

En juillet dernier, une foule de représentants des grandes entreprises, tant européens qu'ukrainiens, ont assisté à la Conférence sur la reconstruction de l'Ukraine, qui est en fait la version 2022 de la Conférence annuelle sur la réforme de l'Ukraine, qui servait à évaluer les progrès du pays sur la voie néolibérale qu'exigeait son intégration à l'Occident après 2014.

Comme l'indique clairement le document d'orientation de la conférence sur la reprise économique, un

État ukrainien d'après-guerre n'aura pas besoin de BlackRock pour poursuivre le type de projet dont rêvent les politiciens républicains. Parmi les recommandations politiques figurent la « réduction des

dépenses publiques », « l'efficacité du système fiscal » et la « déréglementation ». Il conseille en outre de continuer de « réduire la taille du gouvernement » par la privatisation et d'autres réformes, de libéraliser les marchés des capitaux et de garantir la « liberté d'investissement » – un euphémisme pour dire l'ouverture des marchés – créant ainsi un « meilleur environnement d'investissement, plus convivial, pour les investissements directs européens et mondiaux ».

La vision dont ont discuté les participants est tout droit sortie des fantasmes les plus fous de Pete Buttigieg : le pays est envisagé en tant que start-up, un pays numérisé, favorable aux entreprises et écologique, bien que doté de neuf réacteurs nucléaires construits et fournis par la société américaine Westinghouse. C'est un modèle qui va dans le sens de la vision du « pays dans un smartphone » proposée par Zelensky il y a trois ans.

C'est une histoire à laquelle on est habitué quand on parle de nations en crise qui dépendent de l'aide financière des gouvernements et des institutions occidentaux, des pays qui découvrent souvent que les fonds dont ils ont désespérément besoin sont assujettis à des conditions plutôt fâcheuses.

Celles-ci prennent la forme de réformes obligatoires qui démantèlent l'implication de l'État dans l'économie et ouvrent les marchés du pays aux capitaux étrangers, aggravant ainsi l'appauvrissement et les souffrances de la population. C'est ce qui se passait en Ukraine bien avant l'invasion, le Fonds monétaire international (FMI) et des responsables occidentaux comme le vice-président américain de l'époque, Joe Biden, faisant pression sur le gouvernement pour qu'il mette en œuvre des réformes telles que la réduction des subventions au gaz pour les ménages ukrainiens, la privatisation de milliers d'entreprises publiques et la levée du moratoire de longue date sur la vente des terres agricoles. Zelensky a réussi à faire aboutir ce dernier point grâce aux pressions financières liées à la pandémie.

La liberté des Ukrainiens de déterminer leur propre destin a été attaquée par l'accaparement des terres de style colonial par Moscou. Malheureusement, il semble probable que la fin de la guerre amènera de nouveaux assauts venant de la direction opposée, alors qu'une nouvelle armée d'investisseurs occidentaux prépare son invasion.

Ce qui m'inquiète profondément, c'est la dérive totalitaire que nous observons depuis des années. Mais ces derniers temps, la montée en puissance de ce phénomène est exponentielle, au point que les élites ne se cachent même plus !

DÉRIVE TOTALITAIRE

Comme le disait **Thomas Jefferson** :

"La liberté légitime est une action sans entrave selon notre volonté, dans les limites tracées autour de nous par l'égalité des droits des autres. Je n'ajoute pas 'dans les limites de la loi', parce que la loi n'est souvent que la volonté du tyran, et toujours lorsqu'elle viole les droits de l'individu."

Nos démocraties occidentales, qui prétendent défendre la liberté et le gouvernement du peuple, se transforment progressivement en machines bureaucratiques centralisées, où les droits individuels deviennent conditionnels et soumis aux intérêts du pouvoir en place.

Aux États-Unis, les droits civils sont inscrits dans la Constitution, mais cela ne protège pas les citoyens des dérives du pouvoir. L'histoire montre qu'un État désarmé et pacifié devient la première victime d'un régime oppressif.

Aujourd'hui, nous assistons à l'installation progressive d'un État policier dans le monde "civilisé", où le pouvoir devient de plus en plus centralisé et intrusif.

Leur méthode ? "L'ordre à partir du chaos".

- **Créer des crises et des catastrophes** pour légitimer de nouvelles lois sécuritaires.
- **Exploiter la peur du public** pour imposer des restrictions aux libertés individuelles.
- **Faire accepter des mesures de contrôle totalitaire** sous prétexte de protection.

Un gouvernement mondial sans souveraineté ?

En 1992, Strobe Talbott, ancien secrétaire d'État adjoint sous Bill Clinton, également membre du **Council on Foreign Relations (CFR)**, a publié un article dans TIME MAGAZINE intitulé :

"L'Amérique à l'étranger : La naissance de la nation mondiale".

Il y écrivait : "Au siècle prochain, les nations telles que nous les connaissons seront obsolètes. Tous les États reconnaîtront une autorité unique et mondiale. La souveraineté nationale n'était pas une si bonne idée après tout."

Cette vision d'un gouvernement mondial unique, où les États-nations perdraient toute indépendance, est l'agenda des élites qui utilisent chaque crise pour avancer leur projet de contrôle global, mais l'arrivée de Donald Trump vas rebattre les cartes ?

Le 11 septembre 2001 : Le point de bascule

Les attentats du 11 septembre 2001 aux États-Unis ont marqué un tournant majeur dans l'expansion du pouvoir étatique et de la surveillance de masse.

Sous prétexte de lutter contre le terrorisme, le gouvernement américain a instauré une loi extrêmement liberticide :

Le Patriot Act : La fin des libertés individuelles

Cette loi permet :

- **L'incarcération de personnes sans procès**, sur simple soupçon de lien avec le terrorisme.
- **Le placement des détenus de Guantanamo sous un statut de "combattant ennemi"**, ne leur donnant aucun droit juridique reconnu par le droit international.
- **La légalisation de traitements inhumains et de la torture**, sous prétexte de "sécurité nationale".

Les experts s'accordent à dire que Guantanamo alimente le terrorisme plus qu'il ne le combat. Une fois accusé sous le Patriot Act, l'État peut faire de vous ce qu'il veut. Mais le pire, c'est que le peuple américain a accepté cette privation de liberté, par peur des attentats et sous l'effet du matraquage médiatique.

2015 : La France adopte le même modèle

Après les attentats de 2015, la France suit exactement le même schéma.

Valérie Pécresse a même réclamé un "Patriot Act" à la française. Fait troublant : en 2013, elle a participé à la réunion du groupe Bilderberg, ce qui explique son alignement sur le modèle américain de surveillance de masse.

La répression ne s'est pas limitée au terrorisme. Elle a été étendue aux citoyens en colère, comme on l'a vu avec le mouvement des Gilets Jaunes.

- **Le fichier SIVIC**, censé suivre les victimes d'attentats, a été utilisé pour enregistrer les manifestants blessés.
- **Christian Prudhomme**, porte-parole des urgentistes, a dénoncé une violation du secret médical, car le ministre de l'Intérieur pouvait consulter ces fichiers.

Les élections ne sont qu'une illusion

Coluche l'avait dit : "Si voter servait à quelque chose, ça ferait longtemps que ce serait interdit."

Comment croire encore en la démocratie quand les milliardaires, les groupes financiers et les médias appartiennent tous aux mêmes élites ?

- Ils contrôlent les élections en plaçant leurs propres candidats.
- Ils façonnent l'opinion publique en manipulant l'information.
- Ils verrouillent le système pour que rien ne change, quel que soit le président élu.

Franc-maçonnerie et Nouvel Ordre Mondial

Dans ce livre, je n'ai pas encore abordé la Franc-maçonnerie, mais son implication dans ce système est indéniable.

Un document en particulier l'illustre :

"**L'Aurore Rouge**", également connu sous le nom des "**Protocoles de Toronto**", publié en 1985.

Ce texte expose un agenda pro-NWO (Nouvel Ordre Mondial), décrivant les étapes d'un contrôle total des nations.

- **Le père Régimbald** et **Serge Monast**, journalistes d'investigation, avaient déjà dénoncé ce plan bien avant qu'Internet n'existe. Ils étaient considérés comme des "complotistes" à leur époque, avant que leurs révélations ne deviennent réalité sous nos yeux. Ce texte, attribué à une loge maçonnique secrète nommée "666", décrit avec une précision troublante la mise en place progressive d'une dictature globale.

L'AURORE ROUGE

Moyens de Financement du Projet : Contrôle du F.M.I., du G.A.T.T., de la Commission de Bruxelles, de l'OTAN, de l'ONU et d'autres organismes internationaux. Les dix-huit dernières années furent très profitables pour l'avancement de nos projets mondiaux. Je peux vous dire, Frères, que nous touchons maintenant presque au but. La chute des États-nations (tache de l'UE) n'est plus qu'une question de temps, assez court, dois-je vous avouer en toute confiance.

Grâce à nos agents d'infiltration et à nos moyens financiers colossaux, des progrès sans précédent ont maintenant été accomplis dans tous les domaines de la Science et de la Technologie dont nous contrôlons financièrement les plus grandes corporations.

Depuis les réunions secrètes avec **M. de Rothschild** dans les années 56, et qui avaient pour but de mettre au point la création, et l'implantation mondiale des « Ordinateurs », il nous est maintenant possible d'entrevoir la mise en place d'un genre « d'Autoroute internationale » où toutes ces machines seraient reliées entre elles.

Car, comme vous le savez déjà, le contrôle direct et individuel des populations de la planète serait à tout le moins totalement impossible sans l'usage des ordinateurs, et leur rattachement électronique les uns par rapport aux autres en un vaste « Réseau Mondial ».

Ces machines d'ailleurs ont l'avantage de pouvoir remplacer des millions d'individus. De plus, elles ne possèdent ni conscience, ni aucune morale ; ce qui est indispensable pour la réussite d'un projet comme le nôtre.

Surtout, ces machines accomplissent, sans discuter, tout ce qui leur est dicté. Elles sont des esclaves parfaits dont ont tant rêvé nos prédécesseurs, mais sans qu'ils aient été à même de se douter qu'un jour, il nous serait possible d'accomplir un tel prodige.

Ces machines sans patrie, sans couleur, sans religion, sans appartenance politiques, sont l'ultime accomplissement et outil de notre Nouvel Ordre Mondial. Elles en sont la « Pierre angulaire » ! L'organisation de ces machines en un vaste « Réseau mondial » dont nous contrôlerons les leviers supérieurs nous servira à immobiliser les populations. Comment ? Comme vous le savez, la structure de base de notre Nouvel Ordre Mondial est composée, dans son essence, d'une multitude de « Réseaux » divers couvrant chacun toutes les sphères de l'activité humaine sur toute l'étendue de la planète.

Jusqu'à ce jour, tous ces « Réseaux » étaient reliés entre eux par une base idéologique commune : celle de l'homme, comme le « Centre » et « l'ultime Accomplissement » de l'Univers. *

Ainsi, grâce à tous ces « Réseaux » unis par le lien de la « Nouvelle Religion de l'Homme pour l'Homme », nous avons pu facilement infiltrer tous les secteurs

humains dans tous les pays occidentaux, et en modifier la base « Judéo- Chrétienne ».

Le résultat, est qu'aujourd'hui, cet homme qu'il fasse partie du politique, de l'économique, du Social, de l'Éducation, du scientifique ou du Religieux, a déjà, depuis notre dernière Réunion de fin juin 67, abandonné son héritage passé pour le remplacer par notre idéal d'une Religion mondiale basée uniquement sur l'Homme.

Coupé ainsi qu'il est dorénavant de ses racines historiques, cet Homme n'attend plus, en définitive, que lui soit proposée une nouvelle idéologie. Celle-ci, bien entendu, est la nôtre ; celle du « Village Communautaire Global » dont il sera le « Centre ».

Et c'est précisément ce que nous lui apporterons en l'encourageant à faire partie, « Corps et Âme », de ce « Réseau Électronique Mondial » où les frontières des États-nations auront été à tout jamais abolies, anéanti, jusqu'à leurs racines les plus profondes

Pendant que cet homme égaré sera absorbé par son enthousiasme aveugle à faire partie de sa nouvelle « Communauté mondiale » en faisant partie de ce vaste

« Réseau d'Ordinateurs », pour notre compte, nous verrons, à partir des leviers supérieurs qui lui seront cachés, à le ficher, à l'identifier, à le comptabiliser, et à le rentabiliser selon nos propres objectifs.

Car à l'intérieur de cette « Nouvelle Société Globale », aucun individu ayant un potentiel de « Rentabilité » pour nous, ne pourra nous échapper.

L'apport constant de la « Technologie Électronique » devra nous assurer de tous les moyens pour ficher, identifier, et contrôler tous les individus des populations de l'Occident.

Quant à ceux qui ne représenteront aucune « Rentabilité Exploitable » par nous, nous verrons à ce qu'ils s'éliminent d'eux-mêmes à travers toutes les guerres intestines locales que nous aurons pris soin de faire éclater ici et là en nous ayant servi, et de la « Chute de l'Économie » des États-nations, et des « Oppositions et des Revendications » des divers groupes composant ces mêmes États.

Voici donc la manière détaillée par laquelle nous procéderons d'ici 1998 pour paver la route à la naissance de notre « Gouvernement Mondial » :

1 - Décupler la « Société des Loisirs » qui nous a été si profitable à date. En nous servant de l'invention de la « Vidéo » que nous avons financé, et des jeux qui lui sont rattachés, finissons de pervertir la morale de la jeunesse. Offrons-lui la possibilité de satisfaire maintenant tous ses instincts. Un être possédé par ses sens, et esclave de ceux-ci, nous le savons, n'a ni idéal

ni force intérieure pour défendre quoi que ce soit.

Il est un « Individualiste » par nature, et représente un candidat parfait que nous pouvons modeler aisément selon nos désirs et nos priorités. D'ailleurs, rappelez-vous avec quelle facilité nos prédécesseurs ont pu orienter toute la jeunesse allemande au début du siècle en se servant du désabusement de cette dernière !

2 - Encourager la « Contestation Étudiante pour toutes les causes rattachées à « l'Écologie ». La protection obligatoire de cette dernière sera un atout majeur le jour où nous aurons poussé les États-nations à échanger leur « Dette Intérieure » contre la perte de 33 % de tous leurs territoires demeurés à l'état sauvage.

3 - Comblons le vide intérieur de cette jeunesse en l'initiant, dès son tout jeune âge, à l'univers des Ordinateurs. Utilisons, pour cela, son système d'éducation. Un esclave au service d'un autre esclave que nous contrôlons.

4 - Sur un autre plan, établissons le « Libre-Echange international » comme étant une priorité absolue pour la survie économique des États-nations. Cette nouvelle conception économique nous aidera à accélérer le déclin des « Nationalistes » de toutes les Nations ; à les isoler en factions diverses, et au moment voulu, à les opposer farouchement les uns aux autres dans des guerres intestines qui achèveront de ruiner ces Nations.

5 - Pour nous assurer à tout prix de la réussite d'une telle entreprise, faisons-en sorte que nos Agents déjà infiltrés dans les Ministères des Affaires intergouvernementales et de l'immigration des États-nations fassent modifier en profondeur les Lois

de ces Ministères. Ces modifications viseront essentiellement à ouvrir les portes des pays occidentaux à une immigration de plus en plus massive à l'intérieur de leurs frontières (immigrations que nous aurons d'ailleurs

provoquées en ayant pris soin de faire éclater, ici et là, de nouveaux conflits locaux).

Par des campagnes de presse bien orchestrées dans l'opinion publique des États-nations ciblés, nous provoquerons chez celles-ci un afflux important de réfugiés qui aura pour effet de déstabiliser leur économie intérieure, et de faire augmenter les tensions raciales à l'intérieur de leur territoire.

Nous verrons à faire en sorte que des groupes d'extrémistes étrangers fassent partie de ces afflux d'immigrants ; ce qui facilitera la déstabilisation politique, économique et sociale des Nations visées.

6 - Ce « Libre-échange » qui, en réalité, n'en est pas un car il est déjà contrôlé par nous au sommet de la hiérarchie économique, noyautons-le en « **Trois Commissions Latérales** » : [celle de l'Asie, celle de l'Amérique, celle de l'Europe]. Il nous apportera la discorde à l'intérieur des États-nations par la hausse du chômage relié aux restructurations de nos Multinationales.

7 - Transférons lentement, mais sûrement, nos multinationales dans de nouveaux pays acquis à l'idée de « l'Économie de Marché », tels les pays de l'Est de l'Europe, en Russie et en Chine par exemple. Nous nous fichons bien, pour l'instant, si leur population représente ou non un vaste bassin de nouveaux consommateurs. Ce qui nous intéresse, c'est d'avoir accès, en

premier lieu, à une Main-d'œuvre esclave que nous offrent ces pays et ceux du tiers-monde.

D'ailleurs, leurs gouvernements ne sont-ils pas mis en place par nous ? Ne font-ils pas appel à l'aide étrangère, et aux prêts de notre Fonds Monétaire International et de notre Banque Mondiale ?

Ces transferts offrent plusieurs avantages pour nous. Ils contribuent à entretenir ces nouvelles populations dans l'illusion d'une « Libération Economique », d'une « Liberté Politique » alors qu'en réalité, nous les dominerons par l'appétit du gain et un endettement dont ils ne pourront jamais s'acquitter.

Quant aux populations occidentales, elles seront entretenues dans le rêve du [Bien-Etre économique], car les produits importés de ces pays ne subiront aucune hausse de prix.

Par contre, sans qu'elles s'en aperçoivent au début, de plus en plus d'industries seront obligées de fermer leurs portes à cause des transferts que nous aurons effectués hors des pays occidentaux. Ces fermetures augmenteront le chômage, et apporteront des pertes importantes de revenus pour les États-nations.

8 - Ainsi nous mettrons sur pied une « Economie Globale » à l'échelle mondiale qui échappera totalement au contrôle des États-nations. Cette nouvelle économie sera au-dessus de tout ; aucune pression politique ou syndicale ne pourra avoir de pouvoir sur elle. Elle dictera ses propres « Politiques Mondiales », et obligera à une réorganisation politique, mais selon nos priorités à l'échelle mondiale.

9 - Par cette « Economie Indépendante » n'ayant de Lois que nos Lois, nous établirons une « Culture de Masse mondiale ».

Par le contrôle international de la Télévision, des Médias, nous instituerons une « Nouvelle Culture », mais nivelé, uniforme pour tous, sans qu'aucune « Création » future ne nous échappe. Les artistes futurs seront à notre image ou bien ne pourront pas survivre. Finis donc ce temps où des « Créations Culturelles Indépendantes » mettaient à tout moment en péril nos projets mondialistes comme cela fut si souvent le cas dans le passé.

10 - Par cette même économie, il nous sera alors possible de nous servir des forces militaires des États-nations dans des buts humanitaires. En réalité, ces « Forces » nous serviront à soumettre des pays récalcitrants à notre volonté. Ainsi les pays du Tiers-Monde et d'autres semblables à eux ne pourront pas être en mesure d'échapper à notre volonté de nous servir de leur population comme main-d'œuvre esclave.

11 - Pour contrôler le marché mondial, nous devrons détourner la productivité de son but premier. Nous l'orienterons en fonction pour la retourner contre

l'homme, en asservissant ce dernier à notre système économique où il n'aura pas le choix de devenir notre esclave, et même un futur criminel.

12 - Tous ces transferts à l'étranger de nos Multinationales, et la réorganisation mondiale de l'économie auront pour but, entre autres, de faire grimper le chômage dans les pays occidentaux.

Cette situation sera d'autant plus réalisable parce qu'au départ, nous aurons privilégié l'importation massive des produits de base à l'intérieur des États-nations et, du même coup, nous aurons surchargé ces États par l'emploi exagéré de leur population à la production de services qu'ils ne pourront plus payer. Ces conditions extrêmes multiplieront par millions, les masses d'assistés sociaux de tous genres, d'illettrés, de sans-abris.

13 - Par des pertes de millions d'emplois dans le secteur primaire ; à même les évasions déguisées de capitaux étrangers hors des États-nations, il nous sera ainsi possible de mettre en danger de mort l'harmonie sociale par le spectre de la guerre civile.

14 - Ces manipulations internationales des gouvernements et des populations des États-nations nous fourniront le prétexte d'utiliser notre F.M.I. pour pousser les gouvernements occidentaux à mettre en place des « Budgets d'Austérité » sous le couvercle de la réduction illusoire de leur « Dette nationale » ; de la conservation hypothétique de leur « Cote de Crédit internationale » ; de la préservation impossible de la « Paix

Sociale ».

15 - Par ces « Mesures Budgétaires d'Urgence », nous briserons ainsi le financement des États-nations pour tous leurs « Méga-projets » qui représentent une menace directe à notre contrôle mondial de l'économie.

16 - D'ailleurs, toutes ces mesures d'austérité nous permettront de briser les volontés nationales de structures modernes dans les domaines de l'Énergie, de l'Agriculture, du Transport et des Technologies nouvelles.

17 - Ces mêmes mesures nous offriront l'occasion rêvée d'instaurer notre « Idéologie de la Compétition économique ».

Celle-ci se traduira, à l'intérieur des États-nations, par la réduction volontaire des salaires, les départs volontaires avec [Remises de médailles pour Services rendus] ; ce qui nous ouvrira les portes à l'instauration partout de notre « Technologie de contrôle ». Dans cette perspective, tous ces départs seront remplacés par des « Ordinateurs » à notre service.

18 - Ces transformations sociales nous aideront à changer en profondeur la main-d'œuvre « Policière et Militaire » des États-nations. Sous le prétexte des nécessités du moment, et sans éveiller de soupçons, nous nous débarrasserons une fois pour toutes de tous les individus ayant une « Conscience judéo-chrétienne ».

Cette « Restructuration des Corps Policiers et Militaires » nous permettra de limoger sans contestation,

le personnel âgé, de même que tous les éléments ne véhiculant pas nos principes mondialistes. Ceux-ci seront remplacés par de jeunes recrues dépourvues de « Conscience et de Morale », et déjà toutes entraînées, et favorables à l'usage inconsidéré de notre « Technologie de Réseaux électroniques ».

19 - Dans un même temps, et toujours sous le prétexte de « Coupures Budgétaires », nous veillerons au transfert des bases militaires des États-nations vers l'Organisation des Nations Unies.

20 - Dans cette perspective, nous travaillerons à la réorganisation du « Mandat international des Nations-Unies ». De « Force de Paix » sans pouvoir décisionnel, nous l'amènerons à devenir une « Force d'intervention » où seront fondues, en un tout homogène, les forces militaires des États-nations. Ceci nous permettra d'effectuer, sans combat, la démilitarisation de tous ces États de manière à ce qu'aucun d'entre eux, dans l'avenir, ne soit suffisamment puissant pour remettre en question notre « Pouvoir Mondial ».

21 - Pour accélérer ce processus de transfert, nous impliquerons la force actuelle des Nations-Unies dans des conflits impossibles à régler. De cette manière, et avec l'aide des Médias que nous contrôlons, nous montrerons aux populations l'impuissance et l'inutilité de cette « Force » dans sa forme actuelle. La frustration aidant, et poussée à son paroxysme au moment voulu, poussera les populations des États-nations à supplier les instances internationales de

former une telle « Force multinationale » au plus tôt afin de protéger à tout prix la « Paix ».

22 - L'apparition prochaine de cette volonté mondiale d'une « Force Militaire multinationale » ira de pair avec l'instauration, à l'intérieur des Etats-nations, d'une « Force d'Intervention Multi-Juridictionnelle ».

Cette combinaison des « Effectifs Policiers et Militaires », créée à même le prétexte de l'augmentation de l'instabilité politique et sociale grandissante à l'intérieur de ces États croulant sous le fardeau des problèmes économiques, nous permettra de mieux contrôler les populations occidentales.

Ici, l'utilisation à outrance de l'identification et du fichage électronique des individus nous fournira une surveillance complète de toutes les populations visées.

23. Cette réorganisation policière et militaire intérieure et extérieure des États-nations permettra de faire converger le tout vers l'obligation de la mise en place d'un « Centre Mondial Judiciaire ». (**https://theiij.org**)

Ce « Centre » permettra aux différends « Corps Policiers des États-nations » d'avoir rapidement accès à des « Banques de Données » sur tous les individus potentiellement dangereux pour nous sur la planète. L'image d'une meilleure efficacité judiciaire, et les liens de plus en plus étroits créés et entretenus avec le « Militaire » nous aideront à mettre en valeur la nécessité d'un « Tribunal international » doublée d'un

« Système judiciaire Mondial » ; l'un pour les affaires civiles et criminelles individuelles, et l'autre pour les Nations.

24 - Au cours de la croissance acceptée par tous de ces nouvelles nécessités, il sera impérieux pour nous de compléter au plus tôt le contrôle mondial des

armes à feu à l'intérieur des territoires des États-nations.

Pour ce faire, nous accélérerons le « PLAN ALPHA » mis en œuvre au cours des années 60 par certains de nos prédécesseurs. Ce « Plan » à l'origine visait deux objectifs qui sont demeurés les mêmes encore aujourd'hui : par l'intervention de « **Tireurs fous** », créer un climat d'insécurité dans les populations pour amener à un contrôle plus serré des armes à feu.

Orienter les actes de violence de manière à en faire porter la responsabilité par des extrémistes religieux, ou des personnes affiliées à des allégeances religieuses de tendance « Traditionnelle », ou encore, des personnes prétendant avoir des communications privilégiées avec Dieu.

Aujourd'hui, afin d'accélérer ce « Contrôle des armes à feu», nous pourrons utiliser la «Chute des Conditions économiques» des États-nations qui entraînera avec elle, une déstabilisation complète du social; donc augmentation de la violence. Je n'ai pas besoin de vous rappeler ni de vous démontrer, Frères, les fondements de ce « Contrôle » des armes à feu. Sans celui-ci, il deviendrait presque impossible pour nous

de mettre à genoux les populations des États visés. Rappelez-vous avec quel succès nos prédécesseurs ont pu contrôler l'Allemagne de 1930 avec les nouvelles « Lois » mises en application à l'époque ; Lois d'ailleurs sur lesquelles sont fondées les Lois actuelles des États-nations pour ce même contrôle.

25 - Les dernières « Étapes » se rapportent à la « PHASE OMEGA » expérimentée à partir des expérimentations effectuées au début des années 70. Elles renferment la mise en application, à l'échelle mondiale, des « Armes Electro-Magnétiques ».

Les « Changements de Climat » entraînant la destruction des récoltes ; la faillite dans ces conditions, des terres agricoles.

L'avenir du « Contrôle des population s» de ces États passe obligatoirement par le contrôle absolu, par nous, de la production alimentaire à l'échelle mondiale, et par la prise de contrôle des principales « Routes Alimentaires » de la planète.

Pour ce faire, il est nécessaire d'utiliser l'Electro-Magnétique, entre autres, pour déstabiliser les climats des Etats les plus productifs sur le plan agricole. Quant à l'empoisonnement de la nature, elle sera d'autant plus accélérée que l'augmentation des populations l'y poussera sans restriction.

La dénaturation, par moyens artificiels, des produits alimentaires de consommation courante ; l'empoisonnement de la nature par une exploitation exagérée et inconsidérée, et l'utilisation massive de produits

chimiques dans l'agriculture ; tout cela, Frères, mènera à la ruine assurée des industries alimentaires des États-nations.

26 - L'utilisation de l'Electro-Magnétique pour provoquer des « Tremblements de Terre » dans les régions industrielles les plus importantes des États-nations

contribuera à accélérer la « Chute Économique » des États les plus menaçants pour nous ; de même qu'à amplifier l'obligation de la mise en place de notre Nouvel Ordre Mondial.

27 - Qui pourra nous soupçonner ? Qui pourra se douter des moyens utilisés ? Ceux qui oseront se dresser contre nous en diffusant de l'information quant à l'existence et au contenu de notre « Conspiration » deviendront suspects aux yeux des autorités de

leur Nation et de leur population. Grâce à la désinformation, au mensonge, à l'hypocrisie et à l'individualisme que nous avons créé au sein des peuples des États-nations, **l'Homme est devenu un ennemi pour l'Homme**. Ainsi ces « Individus indépendants » qui sont des plus dangereux pour nous, justement à cause de leur « Liberté », seront considérés par leurs semblables comme étant des ennemis et non des libérateurs.

L'esclavage des enfants, le pillage des richesses du Tiers-Monde, le chômage, la propagande pour la libération de la drogue, l'abrutissement de la jeunesse des Nations, l'idéologie du « Respect de la Liberté individuelle » diffusée au sein des Églises

Judéo-Chrétiennes et à l'intérieur des États-nations, l'obscurantisme considéré comme une base de la fierté, les conflits interethniques, et notre dernière réalisation : «les Restrictions Budgétaires» ; tout cela nous permet enfin de voir l'accomplissement ancestral de notre «Rêve»: celui de l'instauration de notre «NOUVEL ORDRE MONDIAL».

Écrit fin juin 1985.

Après la lecture de l'Aurore Rouge...

Après avoir lu L'Aurore Rouge et observé ce qui se passe aujourd'hui sous nos yeux, quelle réflexion avez-vous ?

Comment pouvons-nous ouvrir les yeux des gens, sachant que leur premier réflexe sera de nier la réalité ?

- Accepter qu'ils aient été trompés demande un effort immense.

- Reconnaître qu'ils vivent dans l'ignorance les confronte à un sentiment d'impuissance.

- Et surtout, réaliser l'ampleur du mensonge suscite une peur profonde.

Cette peur est leur barrière mentale, celle qui les empêche d'aller plus loin, de chercher la vérité.

J'aimerai parler d'un sujet d'actualité qui ne concernait pas directement la France il y a peu, mais avec les vas en guerre du gouvernement et de l'Union Européenne, nous allons sans doute provoquer la 3è guerre mondiale.

L'UKRAINE

Le conflit ukrainien depuis 2014 : un tournant géopolitique majeur

Le conflit ukrainien, qui a débuté en 2014, est le résultat de multiples facteurs politiques, sociaux et géopolitiques. Je vais tenter de retracer les événements clés depuis le mouvement de Maïdan, en abordant l'implication de la CIA, les tensions avec les populations russophones et les violences qui ont suivi.

Le Mouvement de Maïdan (2013-2014)

En novembre 2013, le président ukrainien Viktor Ianoukovytch suspend les préparatifs en vue de la signature d'un accord d'association avec l'Union européenne, préférant renforcer les relations avec la Russie. Cette décision provoque des manifestations massives à Kiev, connues sous le nom d'Euromaidan, rassemblant des citoyens en faveur d'un rapprochement avec l'Europe.

Les protestations s'intensifient en janvier 2014, conduisant à des affrontements violents entre

manifestants et forces de l'ordre. En février 2014, ces tensions culminent avec la destitution de Ianoukovytch et la formation d'un nouveau gouvernement pro-occidental.

L'implication de la CIA

Peu après la révolution de février 2014, le nouveau chef du Service de sécurité ukrainien (SBU), Valentyn Nalyvaichenko, lance une collaboration avec la CIA et le MI6 britannique. Cette coopération aurait conduit à des programmes d'entraînement paramilitaire pour les forces spéciales ukrainiennes, afin de renforcer leurs capacités face aux séparatistes prorusses.

L'Ukraine bénéficie depuis longtemps des financements de l'USAID, mais selon le sénateur américain John Kennedy, USAID ne serait qu'une façade de la CIA permettant de financer en secret les événements de Maïdan.

Selon lui, la CIA aurait injecté 5 milliards de dollars pour soutenir ces émeutes, qui ont mené à la destitution d'un gouvernement élu démocratiquement. Il affirme également que la CIA a renversé près de 83 gouvernements entre 1947 et 1997.

Annexion de la Crimée et révolte dans le Donbass

En réaction aux événements de Maïdan, des manifestations prorusses éclatent dans l'est et le sud de l'Ukraine, des régions à forte population russophone.

En mars 2014, des forces non identifiées, souvent appelées "hommes verts", prennent le contrôle de la Crimée.

Un référendum controversé est organisé, aboutissant à l'annexion de la péninsule par la Russie, une action largement condamnée par la communauté internationale.

Parallèlement, des séparatistes prorusses déclarent l'indépendance des républiques populaires de Donetsk et de Louhansk, dans la région du Donbass. Un conflit armé éclate, entraînant des milliers de morts, tant militaires que civils.

Accusations de massacres et violations des droits de l'homme

Le conflit est marqué par des accusations mutuelles de crimes de guerre et de violations des droits de l'homme. Amnesty International a documenté des exécutions sommaires de prisonniers par des groupes séparatistes, notamment l'assassinat de deux captifs à Severodonetsk en juillet 2014.

De plus, des fosses communes ont été découvertes, alimentant encore plus les tensions et la propagande des deux camps.

L'implication de la CIA et des services secrets occidentaux

La Russie accuse l'Ukraine de commettre un génocide contre les russophones du Donbass, une affirmation rejetée par la communauté internationale, faute de preuves tangibles.

Concernant l'influence de la CIA, le journal belge La Libre révèle, après 200 entretiens avec d'anciens et actuels responsables ukrainiens, américains et européens, que la CIA aurait établi douze bases d'espionnage secrètes en Ukraine.

Ces bases, situées dans des bunkers souterrains au cœur du commandement militaire ukrainien, sont utilisées par des espions ukrainiens travaillant pour la CIA. Leur mission principale est d'intercepter les communications russes et de transmettre ces données aux États-Unis.

Cette collaboration entre services secrets américains et ukrainiens aurait débuté dès 2014, après l'annexion de la Crimée.

Grâce à ces renseignements, les agents ukrainiens auraient permis de :

- Prouver l'implication de la Russie dans le crash du vol MH17.
- Déjouer les tentatives d'ingérence russe dans les élections américaines de 2016.
- Mettre en place un réseau d'espions ukrainiens actifs en Russie, en Europe et même à Cuba.
- Fournir des données stratégiques sur les attaques russes.

La CIA joue ainsi un rôle essentiel dans le conflit, en fournissant des informations sur les mouvements de troupes russes et en anticipant les frappes de missiles.

Conséquences et situation actuelle

Le conflit a conduit à une crise humanitaire majeure, avec des millions de personnes déplacées et des infrastructures entièrement détruites.

Malgré plusieurs accords de cessez-le-feu, les affrontements sporadiques se poursuivent, notamment avec l'acheminement d'armes occidentales en Ukraine.

La situation reste explosive, avec des implications géopolitiques majeures impliquant :

- La Russie
- L'Ukraine
- L'Union européenne
- L'OTAN
- Les États-Unis

Mais pourquoi le président français et la présidente de la Commission Européenne œuvrent-ils pour entraîner l'Europe dans une guerre contre la Russie ? Pourquoi tourner le dos à un pays qui nous a libérés lors de la Seconde Guerre mondiale ?

Au lieu de préserver la paix, ces décisions risquent d'aboutir à un conflit militaire direct entre la France et la Russie, amenant les soldats français à combattre sur le sol ukrainien.

Si cette escalade continue, cela pourrait provoquer l'entrée de l'OTAN dans la guerre, et faire de l'Ukraine un membre de l'Alliance par la force des événements.

Ce scénario catastrophe nous emmène tout droit vers un conflit mondial.

Il est essentiel d'évoquer ici l'**Organisation Mondiale du Commerce (OMC)**. Cette institution, dont la création a été largement influencée par **David Rockefeller**, est souvent présentée comme un organisme neutre, facilitant le commerce équitable entre les nations. Mais en réalité, son rôle dépasse largement cette image simplifiée.

L'OMC

L'OMC exerce un contrôle implicite sur les États membres, non seulement en réglementant leurs échanges commerciaux mais aussi en permettant indirectement aux États-Unis de surveiller les activités économiques des pays partenaires. En effet, toute entreprise ou nation utilisant le **dollar américain** pour ses échanges internationaux tombe automatiquement sous la juridiction économique et juridique américaine. Cette dépendance au dollar constitue un levier puissant, car elle permet aux États-Unis d'imposer des sanctions, des amendes ou de bloquer des transactions, si celles-ci ne respectent pas les intérêts américains ou les réglementations qu'ils imposent unilatéralement.

Pire encore, même une utilisation apparemment anodine des services d'entreprises technologiques américaines comme **Google**, notamment pour la gestion des communications électroniques (emails, cloud, messagerie), soumet automatiquement ces sociétés étrangères à la législation américaine, en particulier le « **Cloud Act** », qui autorise les autorités américaines à accéder légalement aux données privées stockées ou échangées via des services américains.

Ainsi, sous couvert de réguler le commerce mondial, l'OMC facilite indirectement une forme subtile mais redoutablement efficace de contrôle économique et politique, au profit des intérêts américains et de ceux qui, comme Rockefeller, ont façonné ses fondations.

Plusieurs entreprises internationales ont été sanctionnées par les autorités américaines pour diverses violations, notamment la non-conformité aux embargos, la corruption et le blanchiment d'argent. Voici des exemples notables :

1. BNP Paribas

- **Faits reprochés** : Violation des embargos américains contre le Soudan, l'Iran et Cuba.
- **Lien utilisé par la justice américaine** : Utilisation du dollar pour effectuer les transactions.
- **Montant de l'amende** : 8,9 milliards de dollars.
- **Année de la condamnation** : 2014

BNP Paribas a été accusée d'avoir effectué des transactions en dollars américains avec des pays sous embargo, en contournant les sanctions économiques imposées par les États-Unis.

2. Crédit Suisse

- **Faits reprochés** : Violation des sanctions américaines visant plusieurs pays, dont l'Iran et le Soudan.
- **Lien utilisé par la justice américaine** : Utilisation du dollar pour effectuer les transactions.
- **Montant de l'amende** : 536 millions de dollars.

- **Année de la condamnation** : 2009

Le Crédit Suisse a été sanctionné pour avoir facilité des transactions financières avec des pays sous embargo américain, en utilisant le système financier américain.

3. Alstom

- **Faits reprochés** : Corruption en Indonésie, Égypte, Arabie saoudite, les Bahamas et Taïwan.
- **Lien utilisé par la justice américaine** : Utilisation du dollar pour effectuer les transactions et activités aux États-Unis.
- **Montant de l'amende** : 772 millions de dollars.
- **Année de la condamnation** : 2014

Alstom a été reconnue coupable d'avoir versé des pots-de-vin pour obtenir des contrats dans plusieurs pays, en utilisant le dollar américain pour ces transactions, ce qui a permis aux autorités américaines de revendiquer leur juridiction.

4. Société Générale

- **Faits reprochés** : Corruption en Libye.
- **Lien utilisé par la justice américaine** : Utilisation du dollar pour effectuer les transactions.
- **Montant de l'amende** : 585 millions de dollars (amende totale de 860 millions de dollars, dont la moitié reversée à la France).
- **Année de la condamnation** : 2018

La Société Générale a été sanctionnée pour avoir versé des pots-de-vin à des officiels libyens afin d'obtenir des contrats financiers, en utilisant le système financier américain pour ces transactions.

5. Crédit Agricole

- **Faits reprochés** : Non-respect des embargos américains sur le Soudan, l'Iran, Cuba et la Birmanie.
- **Lien utilisé par la justice américaine** : Utilisation du dollar pour effectuer les transactions.
- **Montant de l'amende** : 787 millions de dollars.
- **Année de la condamnation** : 2015

Le Crédit Agricole a été accusé d'avoir effectué des transactions en dollars avec des pays sous embargo américain, contournant ainsi les sanctions en vigueur.

Ces exemples illustrent comment l'utilisation du dollar américain dans des transactions impliquant des pays sous sanctions américaines peut exposer les entreprises à des poursuites et à des amendes élevées, en raison de l'extraterritorialité du droit américain.

Et maintenant parlons d'un sujet qui est d'actualité même si les médias n'en parlent pas plus que ca, c'est la monnaie numérique, et pourtant c'est un tournant majeur dans la perte de nos libertés.

La monnaie numérique : contrôle total ou progrès économique ?

La monnaie numérique

Contrôle total ou progrès économique ?

La monnaie numérique est présentée par les gouvernements et les banques centrales comme un progrès majeur vers une économie plus fluide, sécurisée et moderne. Mais derrière cette image séduisante se cache une réalité bien plus sombre, ouvrant la porte à une surveillance absolue et à un contrôle total de la population.

Qu'est-ce qu'une monnaie numérique ?

Une monnaie numérique, comme l'euro numérique ou les **CBDC (Central Bank Digital Currency)**, est une devise entièrement électronique, directement émise et contrôlée par une banque centrale (BCE en Europe, FED aux États-Unis). Contrairement aux cryptomonnaies telles que le Bitcoin, elle est entièrement centralisée, contrôlée et suivie en temps réel par les autorités financières et les gouvernements.

L'argument officiel en faveur des monnaies numériques est de simplifier les transactions, lutter contre la fraude et renforcer la traçabilité. Mais en réalité, cela ouvre la voie à une dérive sans précédent vers un contrôle permanent de toutes les activités économiques des citoyens.

Les véritables dangers des monnaies numériques

1. Surveillance généralisée et fin de l'anonymat

Avec une monnaie numérique, chaque transaction effectuée est enregistrée, tracée et associée à l'identité (numérique) précise du citoyen. Que vous achetiez du pain, un billet de train ou un médicament, chaque achat est contrôlé. Cette transparence totale est une porte ouverte aux abus potentiels des gouvernements, mais également aux dérives commerciales et marketing massives.

2. Blocage ciblé de certains achats

Avec une monnaie entièrement contrôlée par la banque centrale, il devient techniquement possible d'empêcher certains achats. Cela n'est pas une fiction, c'est déjà expérimenté dans certains pays.

Par exemple :

- **Quota carbone :** si votre quota carbone personnel est dépassé (concept déjà testé au Royaume-Uni et aux Pays-Bas), vous ne pourrez plus acheter de billets d'avion ou de train, ou même remplir votre réservoir d'essence.

- **Alimentation contrôlée :** Interdiction ou restriction d'acheter certains aliments (viande, produits importés), au nom d'une régulation sanitaire ou environnementale imposée.

- **Pandémie et restrictions de déplacements :** durant une crise sanitaire, votre monnaie numérique pourrait être programmée pour ne fonctionner que

    dans un rayon restreint autour de votre domicile. Votre carte bancaire serait tout simplement refusée en cas de tentative d'achat hors de la zone autorisée.

Ces mécanismes ne relèvent pas de la théorie, mais de scénarios très concrets déjà envisagés par certaines institutions européennes et mondiales.

3. Monnaie avec date de péremption : la fin des économies

Le cas de la Chine est particulièrement révélateur de ce risque. La Chine expérimente depuis plusieurs années le Yuan numérique (e-CNY). Celui-ci a la particularité inquiétante de posséder une **date d'expiration**. Concrètement, votre argent numérique disparaît automatiquement après une certaine période s'il n'est pas dépensé. Cette technique permet de contrôler directement la consommation, en poussant les citoyens à dépenser au lieu d'épargner.

Imaginez l'impact désastreux sur vos économies personnelles : vous ne pourriez plus économiser sur le long terme. Votre argent pourrait disparaître si vous ne respectez pas les règles de consommation fixées par les autorités.

4. Contrôle social renforcé

En associant la monnaie numérique à un « crédit social », comme expérimenté en Chine, il devient possible de pénaliser financièrement les citoyens considérés comme « non-conformes ».

Vous avez exprimé une opinion contraire au gouvernement ? Votre monnaie numérique pourrait être immédiatement bloquée, réduite, ou vous pourriez être interdit d'effectuer certaines transactions essentielles comme payer vos factures ou vos déplacements.

Ce type de sanction économique immédiate est extrêmement puissant et réduit considérablement la liberté d'expression et d'action des citoyens.

5. Fin de l'argent liquide et risque de confiscation directe

La monnaie numérique signifie également la disparition progressive de l'argent liquide, ce qui implique que les citoyens n'auraient plus aucun moyen d'échapper au contrôle ou à la confiscation directe de leurs fonds. Les banques et les gouvernements auraient alors la capacité d'appliquer directement des taux d'intérêt négatifs (votre argent perd de la valeur automatiquement) ou des impôts prélevés immédiatement sur votre compte bancaire numérique.

Exemples internationaux concrets

- **Chine** : Expérimentation active d'une monnaie numérique à durée limitée, permettant un contrôle absolu des dépenses et l'instauration d'un système de crédit social.

- **Canada (2022)** : Durant les manifestations des camionneurs (convoi de la liberté), les autorités canadiennes ont bloqué les comptes bancaires des manifestants. Avec une monnaie numérique centralisée, ce contrôle aurait été encore plus facile, rapide et efficace.

- **Union Européenne** : Lancement du projet « Euro Numérique » avec une mise en place prévue vers 2026, intégrant des mécanismes de contrôle détaillés.

Le rôle inquiétant des institutions financières internationales

Des institutions comme la Banque Centrale Européenne (BCE), le FMI, et le Forum économique mondial (WEF) encouragent activement le passage rapide à la monnaie numérique. Leur objectif est clair : augmenter leur contrôle sur les transactions financières mondiales et mieux réguler le comportement économique individuel.

Dans ce contexte, la monnaie numérique devient une arme redoutable au service d'un pouvoir centralisé et sans contrôle démocratique réel.

La nécessité de vigilance citoyenne

La monnaie numérique promet un avenir apparemment moderne, simple et pratique, mais elle porte en elle un immense danger pour les libertés individuelles et économiques. Les scénarios présentés ne

relèvent plus de la fiction dystopique, mais de possibilités réelles et techniquement faisables dès aujourd'hui.

En tant que citoyens, il est essentiel de rester vigilants et de poser des questions :

- Voulons-nous vraiment confier un tel pouvoir de contrôle aux gouvernements et aux banques ?
- Quelle liberté nous restera-t-il quand chaque achat pourra être approuvé ou refusé en temps réel par une autorité centrale ?

J'ai également entendu une information intéressante. Une fois que la BCE, sous le contrôle de l'UE, aura nos économies entre ses mains, j'imagine que son influence sera totale. Il faudra défendre l'UE et les serveurs qui géreront notre monnaie numérique à tout prix, et, vu leur propension à faire la guerre, l'avenir ne s'annonce guère prometteur.

La question soulève des inquiétudes légitimes pour ceux qui redoutent qu'une centralisation de la monnaie numérique au sein de l'UE puisse accroître le contrôle des élites sur l'économie. Comme l'UE sert les d'intérêts privés, tels que ceux associés à des réseaux comme Bilderberg, cela pourrait conduire à des décisions monétaires et réglementaires qui ne refléteraient pas nécessairement les intérêts des citoyens.

Il est essentiel que des mécanismes de transparence, de contrôle démocratique et de régulation soient instaurés pour garantir que la gestion d'une monnaie numérique serve l'intérêt public et non celui d'une minorité influente. En définitive, la centralisation du pouvoir monétaire numérique par l'UE, dans ce contexte, soulève des questions cruciales sur la souveraineté économique et la protection des droits des citoyens face à d'éventuelles dérives oligarchiques.

Ce choix pourrait bien définir le futur de notre société et de notre liberté individuelle pour les décennies à venir.

J'espère sincèrement avoir pu vous apprendre certaines choses et ouvert les yeux sur les véritables enjeux de notre société, afin que nous et nos descendants puissions espérer une vie meilleure.

Je ne suis pas écrivain, mais j'ai fait de mon mieux pour partager avec vous une partie de mon savoir. Ce livre ne représente qu'une fraction de ce que je pourrais dire.

Gardez à l'esprit qu'en essayant à votre tour d'éveiller les consciences autour de vous, vous serez probablement regardé de travers.

On parlera sûrement dans votre dos, et vous risquez même de ne plus être invité à certaines réunions entre amis, car beaucoup d'entre eux préféreront continuer à se distraire devant Hanouna, ou bien passer leur cerveau au micro-ondes en regardant BFM-TV.

Mais n'oubliez jamais : celui qui dérange aujourd'hui sera peut-être celui qu'on remerciera demain.

Conclusion

J'espère que ce premier livre vous a intéressé et fait réfléchir.

Il ne constitue qu'un premier TOME, ces sujets sont déjà bien plus vastes et complexes que les gens l'imaginent.

De nombreux thèmes n'ont pas été abordés ici, et ce livre ne représente qu'une fraction, à peine 5 à 10% de ce qu'il y aurait à dire.

J'ai choisi de rester concis, car certains sujets mériteraient un ouvrage entier pour être explorés en profondeur.

Mais ce n'est que le début.

Je compte poursuivre cette démarche dans de futurs livres, afin d'explorer plus en détail les mécanismes cachés du pouvoir et leurs implications sur nos vies.

Je suis également à la recherche de documents rares et difficiles à trouver sur Internet.

Si vous en possédez et souhaitez les partager, vous pouvez me les envoyer à l'adresse suivante :

contact.mes.livres@gmail.com

Merci de m'avoir lu, et à bientôt pour la suite.